员工培训管理精细化实操手册

（第二版）

李艳　编著

企业新进员工培训管理
企业销售人员培训管理
企业生产人员培训管理
技术研发人员培训管理
企业管理人员培训管理
企业脱岗外派培训管理

中国劳动社会保障出版社

图书在版编目（CIP）数据

员工培训管理精细化实操手册 / 李艳编著. --2版，　-- 北京 : 中国劳动社会保障出版社，2018

ISBN 978-7-5167-3474-2

Ⅰ. ①员…　Ⅱ. ①李…　Ⅲ. ①企业管理 - 职工培训 - 手册　Ⅳ. ① F272.921-62

中国版本图书馆 CIP 数据核字（2018）第 148621 号

中国劳动社会保障出版社出版发行

（北京市惠新东街 1 号　邮政编码：100029）

*

保定市中画美凯印刷有限公司印刷装订　新华书店经销

787 毫米 × 1092 毫米　16 开本　14.75印张　285千字

2018 年 11 月第 2 版　　2018 年 11 月第 1 次印刷

定价：45.00 元

读者服务部电话：（010）64929211/84209101/64921644

营销中心电话：（010）64962347

出版社网址：http://www.class.com.cn

前　言

培训作为人力资源开发的重要途径，对员工素质的提升、组织价值的创造、企业人才竞争优势的提升等方面都具有重要意义。如何通过有效的培训与激励手段，帮助企业在日趋激烈的市场竞争中立于不败之地，成为人力资源管理者必须面对的问题。

企业培训工作者经常面临需要进行怎样的培训、如何选择培训方法、如何确定培训讲师、如何选取培训工具、如何设计培训课程、如何开展培训评估等一系列问题。针对上述问题，本书从知识性与操作性两方面对其进行了解答。

为感谢广大读者对本书的厚爱，本书在保留原版精华内容的基础上，进行了一些结构调整及内容完善工作，最终形成《员工培训管理精细化实操手册（第二版）》。

本书将理论性与实践性融为一体，开篇从培训需求分析入手，随后按培训管理流程进行培训工作内容的编制，接着按新员工、销售人员、生产人员、技术研发人员、管理人员等不同人员类型细述企业应该如何分层开展员工培训工作，并对脱岗与外派培训加以单独阐述，最后对培训效果评估进行了详细说明，力求使培训工作目标更具针对性，员工培训体系更加完善，以达到最佳的培训效果。

本书以流程、图形、表单为主要展现方式，系统介绍了培训工作的相关内容和具体操作方法，让人力资源管理工作者知道“培训是什么”“培训怎么做”，为读者提供了极具操作性的培训方法、培训工具和大量的培训方案，对企业提升员工培训效果具有很强的指导性。

本系列图书最大的特点是模板多、实用性与操作性强，可以拿来即用，便于人力资源管理人员随时查阅和参照。

本书适用于企业人力资源管理人员、主管及工作人员、企业管理人员、企业培训师、企业咨询师以及高校教师及学者阅读和使用。

在本书编写的过程中，刘井学、孙立宏、程富建负责资料的收集和整理，贾月、董连香负责本书图表的编排和制作，权仁善、金丹仙参与修订了本书的第 1 章，高玉卓、李金山参与修订了本书的第 2 章，权锡哲、程淑丽参与修订了本书的第 3 章，李亚慧、王瑞永参与修订了本书的第 4 章，洪冬星、余雪杰参与修订了本书的第 5 章，韩燕参与修订了本书的第 6 章，刘俊敏参与修订了本书的第 7 章，王海燕、班克武参与修订了本书的第 8 章，王素艳参与修订了本书的第 9 章，全书由李艳统撰修订。

目　录

第 1 章

培训需求分析

员工培训管理精细化
实操手册

培训需求分析是指在规划与设计培训活动之前，由培训管理部门采用各种方法和技术，对组织、员工和任务进行分析，找出员工现有绩效水平与应有绩效水平的差距，从而确定培训必要性及培训内容的过程，如图 1—1 所示。

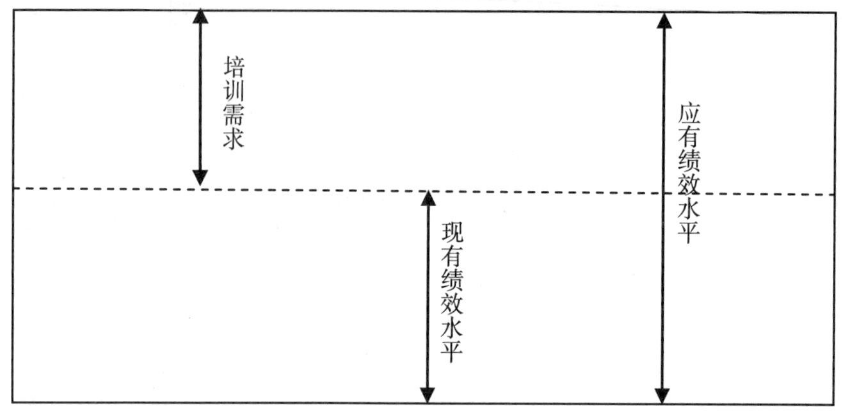

图 1—1　培训需求分析示意图

培训需求分析作为培训活动的首要环节，是其他培训环节的前提和基础，在培训中具有重要作用，具体表现见表 1—1。

表 1—1　培训需求分析的作用

作用	说明
1. 能够有效地确认员工绩效差距	培训需求分析通过对员工应有绩效水平和现有绩效水平之间的差距进行分析，筛选出问题存在的原因，区分出可培训因素和不可培训因素，并根据各因素的重要程度，确定它们在培训内容中所占权重
2. 获得内外部门对培训活动的支持	培训需求分析能够提供有关培训指导方法和执行策略的大量信息，这在很大程度上能够证明培训的必要性，从而更容易获得内外部门相关人员的支持
3. 为培训实施提供资料和信息	培训需求分析所收集到的资料和信息，可以作为培训的内容和参考，也可以作为培训效果反馈和评估的标准，便于培训的开展和分析
4. 有利于进行培训效果评估	培训需求分析可为培训效果的评估提供可参考的标准

1.1　分析的方法与工具

1.1.1　培训需求分析内容

有效的培训需求分析是建立在对培训需求成因有效性的分析基础之上的,对培训需求形成的原因客观进行分析直接关系到培训需求分析的针对性和实效性。培训需求产生的原因大致可以分以下三类，如图 1—2 所示。

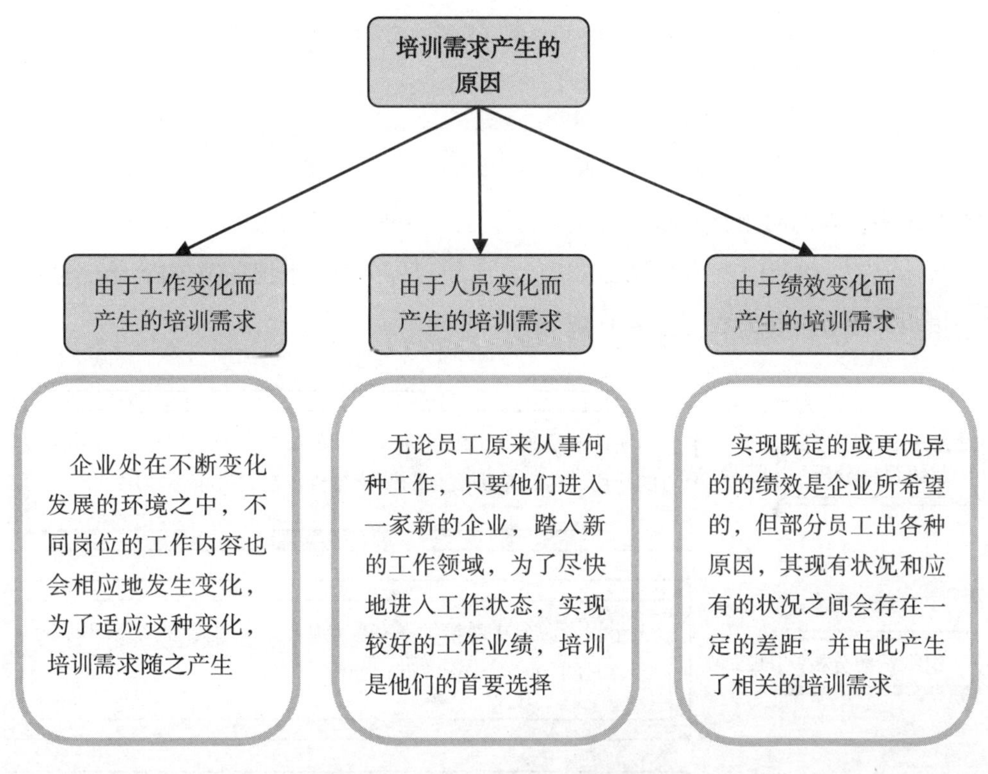

图 1—2　培训需求产生的原因

培训的成功与否在很大程度上取决于需求分析的准确性和有效性,培训需求分析从层面上来划分，可以分为三种：组织层面培训需求分析、工作层面培训需求分析及个人层面培训需求分析，图 1—3 对这三个层面的内容进行了简单阐述。

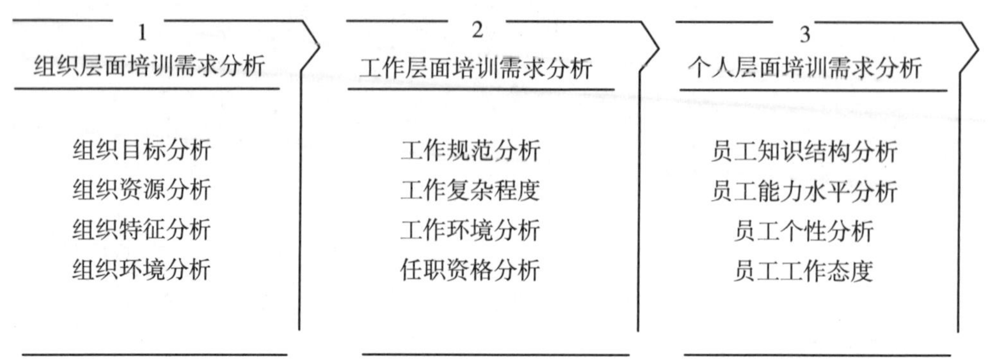

图 1—3　培训需求分析的三个层面

1. 组织层面培训需求分析

组织层面培训需求分析主要指通过对组织的目标、资源、特征、环境等进行分析，找到组织中存在的问题及根源，以确定是否可以通过培训有效地解决这些问题。

具体而言，组织层面培训需求分析包括组织目标分析、组织资源分析、组织特征分析、组织环境分析等内容，如图 1—4 所示。

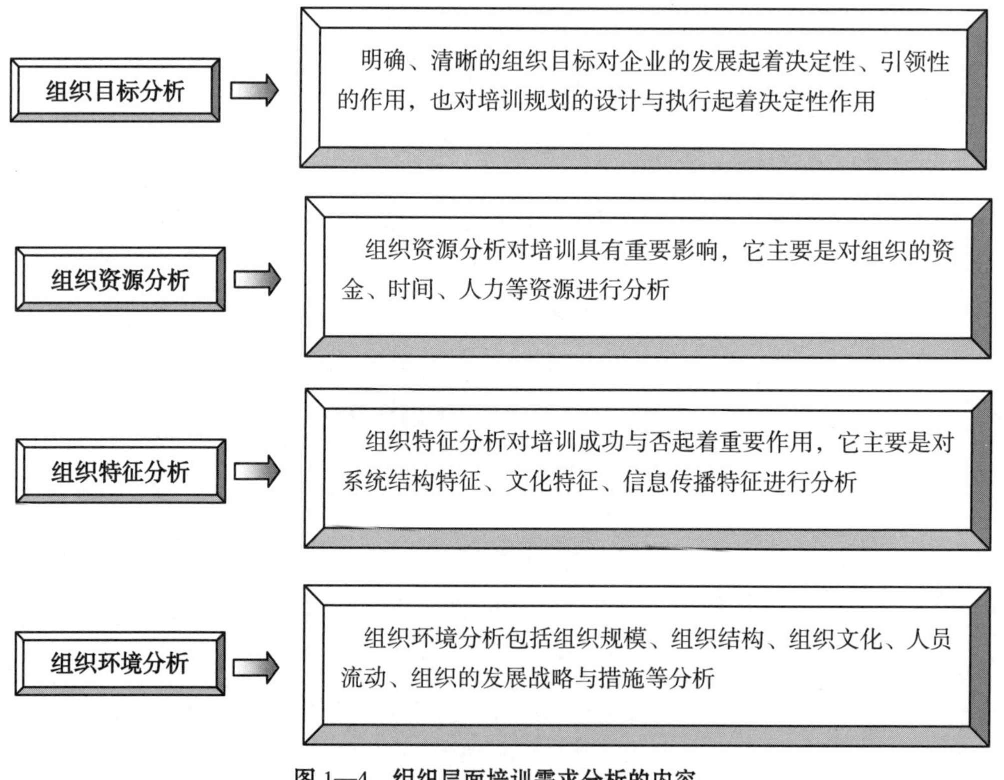

图 1—4　组织层面培训需求分析的内容

对组织层面培训需求进行分析将有助于企业管理者及培训管理部门全面真实地了解组织情况，下面将提供一个用于组织自查的工具表单（见表 1—2），供参考。

表 1—2　　　　组织自查表

自查项目	项目内容	评价标准				
		优（5分）	良（4分）	中（3分）	低（2分）	差（1分）
组织目标	组织是否制定了科学的发展目标					
	员工对组织长、中、短期目标是否都清楚了解					
	组织是否根据发展目标制定了相应的发展策略					
	组织是否制订了明确的长、中、短期行动计划					
组织资源	组织能否提供充足的培训经费支持					
	组织领导者能否合理地安排工作和培训时间					
	组织是否根据发展目标调整人员结构和配置					
	内部成员是否明确各自责权，并清楚工作目标量化标准					
组织特征	组织是否建立畅通的信息系统，能够快速传递内外部信息					
	组织是否制定了适当的管理机制，并坚决贯彻执行					
	组织内部是否具有合理的薪酬体系					
	组织是否制定了明确的奖惩制度，并具有详细的执行标准					
组织环境	组织能否根据环境的变化及时调整公司业务经营范围					
	组织能否根据市场需求变动提供新产品、新服务					
	组织能否保证员工对于新法律、制度、规范的认知					

2. 工作层面培训需求分析

工作层面培训需求分析主要是根据企业职位描述和任职资格所制定的工作执行标准来寻找员工实际工作能力与要求之间存在的差距，从而确定培训需求。工作层面培训需求分析的内容如图 1—5 所示。

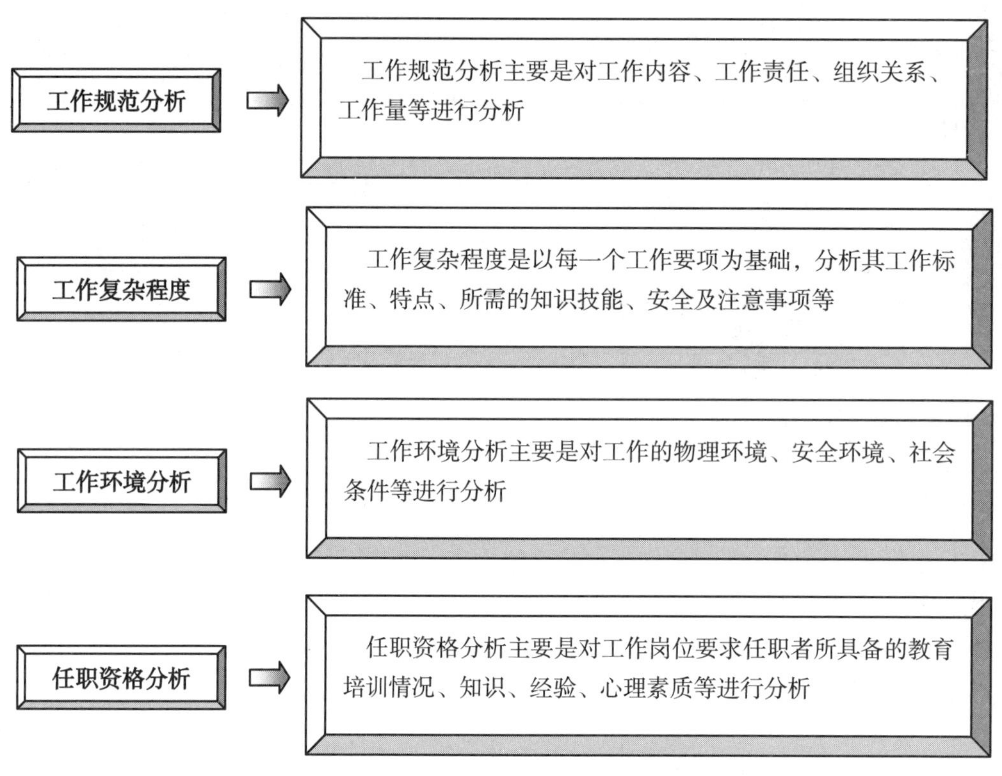

图 1—5　工作层面培训需求分析的内容

工作层面培训需求分析有利于了解与绩效考核问题有关的工作内容、工作标准以及完成工作所具备的知识和技能。通常情况下，工作层面培训需求分析可以通过查阅职位说明书来获取部分相关信息。表 1—3 提供了一份某企业制定的生产部经理职位说明书。

表 1—3　生产部经理职位说明书

职位	生产部经理	职位代码		所属部门	生产部
直接上级	生产总监	直接管辖人数		薪资标准	
职位概要	根据公司下达的生产计划及市场情况，组织并指导下属完成公司的生产计划，实现公司生产目标				

续表

工作内容	1. 组织编制与生产管理相关的各项规章制度，负责对各项规章制度进行监督，并根据企业内外部变化及时修订各项规章制度 2. 组织建立和完善生产指挥系统，编制生产计划，检查生产工作，确保生产任务的完成 3. 根据生产运行计划，掌握生产进度，搞好各车间的协调，组织分配劳动力，平衡调度设备材料 4. 领导产品质量控制工作，提高产品质量 5. 监督、管理技术改造项目的实施 6. 抓好设备管理，提出更新改造方案，定期组织维修保养，提高设备完好率和利用率 7. 负责生产中的技术和质量保证工作，发现问题及时组织解决和处理 8. 定期组织安全环保检查，落实安全环保措施，督促整改问题的落实情况
关键绩效指标	1. 生产计划完成率 2. 交期达成率 3. 产品质量合格率 4. 劳动生产率 5. 单位生产成本 6. 设备利用率 7. 生产安全事故发生次数
任职资格	1. 教育水平：大学本科以上学历 2. 专业：机械设计、制造专业及其他相关专业 3. 经验：5 年以上生产计划与产品制造管理工作经验，其中 2 年以上担任生产主管以上职位 4. 知识：熟练掌握产品专业知识；通晓企业管理知识，具备生产和运作管理、质量管理、设备管理、企业组织行为学等方面的知识 5. 能力：具有较强的计划能力、组织能力、人事管理能力、领导能力、控制能力

3. 个人层面培训需求分析

个人层面培训需求分析主要是对员工的工作背景、年龄、个性、知识、能力等进行分析，找出员工现状与标准之间的差距，以确定培训对象、培训内容及培训后应达到的效果。个人层面培训需求分析的内容如图 1—6 所示。

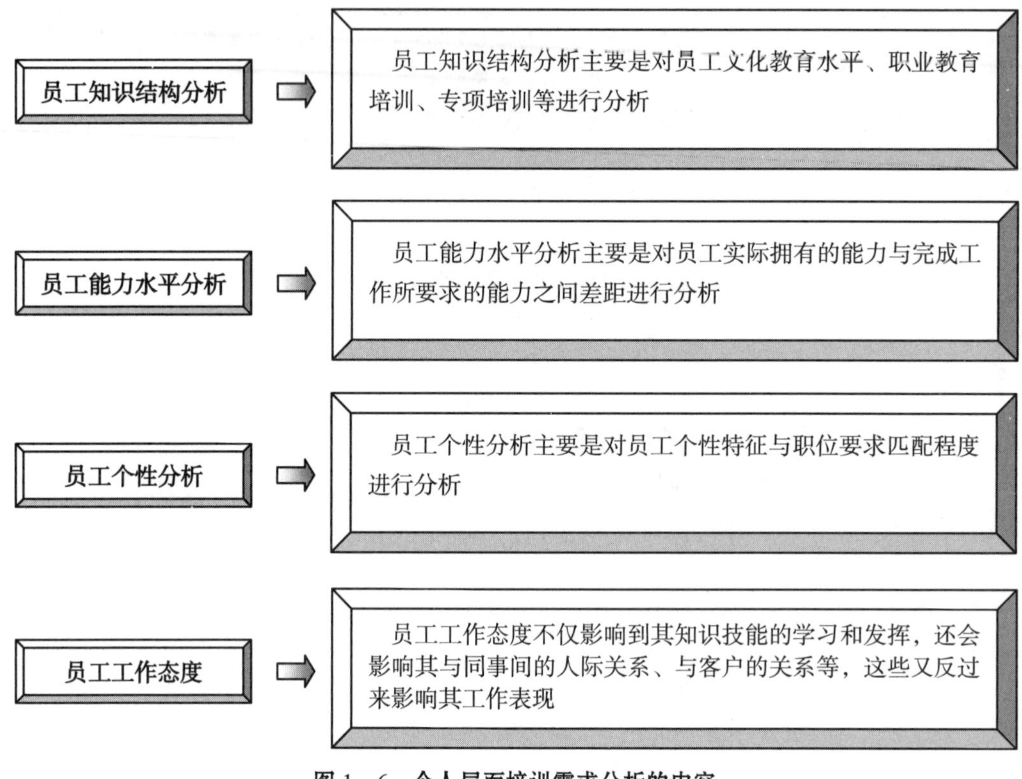

图 1—6　个人层面培训需求分析的内容

个人层面培训需求分析能够使培训管理部门了解员工对培训的需要，以便更好地确保培训工作质量。

1.1.2　培训需求分析方法

培训需求分析的方法有多种，在此介绍其中六种。

1. 访谈法

访谈法是通过与被访谈者面对面的交谈来获取培训需求信息的一种分析方法。

访谈分为结构式访谈和非结构式访谈。结构式访谈是以标准模式向所有被访谈者提出同样的问题；非结构式访谈是针对不同的被访谈者提出不同的问题，从而获取其所需信息。

图 1—7 是某企业采用访谈法的实施步骤及注意事项。

1. 确定访谈目标
2. 确定访谈对象及任务
3. 准备访谈提纲
4. 告知被访谈者有关情况
5. 实施访谈
6. 整理并分析访谈结果

1. 明确访谈的目标
2. 准备好访谈提纲
3. 营造融洽的、相互信任的访谈气氛

图 1—7　访谈法的实施步骤及注意事项

2. 观察法

观察法是观察者到工作现场，通过多个角度和侧面或在有典型意义的具体时间对被观察者进行观察，以发现问题从而获得培训信息的一种分析方法。

在运用观察法进行培训需求分析时，可以按照以下步骤进行操作，如图 1—8 所示。

1. 确定观察目标
2. 确定观察对象及任务
3. 选择适当的观察方法和技巧
4. 进行现场观察
5. 整理并分析观察资料

1. 观察者要对被观察者的工作有深刻了解，并明确评价其工作的标准
2. 不能干扰被观察者的正常工作
3. 一般适用于可以被直接观察和了解的工作

图 1—8　观察法的实施步骤及注意事项

3. 问卷调查法

问卷调查法是以标准化的问卷形式列出一组问题，对随机样本、分层样本或所有总体进行调查，以确定培训需求的一种分析方法。

设计一份好的调查问卷通常需要遵循以下步骤，如图 1—9 所示。

实施步骤	注意事项
1. 列出所希望了解事项的清单 2. 把列出的事项转化为问题 3. 设计问卷 4. 对问卷进行编辑，并最终成文 5. 请别人检查问卷并加以评价 6. 在小的范围内对问卷进行模拟测试，并对结果进行评估 7. 对问卷进行必要的修订 8. 实施调查	1. 在问卷设计时，应考虑数据统计和分析是否易于操作 2. 调查中要取得被调查者的信赖，避免被调查者对调查产生顾虑，或填写虚假信息

图 1—9　问卷调查法的实施步骤及注意事项

4. 资料分析法

资料分析法是通过对平日积累的动态表格、报告等资料进行分析，从而了解培训需求状况的一种分析方法。公司的组织图表、工作报告、采购订单、工作日志、计划性文件等都可为资料分析提供依据。

资料分析法的实施步骤及注意事项如图 1—10 所示。

实施步骤	注意事项
1. 确定资料分析目标 2. 搜集分析所需资料 3. 选择适当的资料分析方法 4. 进行资料分析 5. 形成调查分析结果	1. 资料分析具有一定的时效性，资料所反映的情况是过去的而不是现在的情况，需要分析者加以提炼 2. 资料分析的技术性强，需要这方面技术熟练的分析专家

图 1—10　资料分析法的实施步骤及注意事项

5. 小组讨论法

小组讨论法指从培训对象中选出一部分有代表性的且熟悉问题的员工作为代表参加讨论，以调查培训需求信息的一种分析方法。

一般在讨论前，培训组织人员要事先确定讨论的内容或谈话提纲，以便在小组成员进行讨论时有效地控制讨论的方向与进程。

小组讨论法的实施步骤及注意事项如图 1—11 所示。

图 1—11　小组讨论法的实施步骤及注意事项

6. 测试法

测试法是通过测试群体成员工作熟练程度和认知程度，了解员工培训需求状况的一种分析方法。测试法的形式有问卷混合形式、功能导向形式、抽样检查形式等。

培训需求分析的方法很多，这些方法都各有优缺点，公司可根据其具体情况和培训需求分析的需要进行自主选择。表 1—4 对一些常用培训需求分析方法的优缺点进行了总结。

表 1—4　　培训需求分析方法的比较

方法	优点	缺点
访谈法	1. 操作方法相对简单 2. 易于得到员工的支持与配合 3. 利于观察员工的反应与感受	1. 调查内容难以量化，分析难度大 2. 被访谈者应具有代表性，否则易造成培训需求分析的片面化
观察法	可以得到有关工作环境的信息以及关键性任务的完成情况信息	1. 观察者需具备丰富的观察知识和技巧 2. 只能在工作环境中进行资料的收集 3. 观察活动可能对被观察者的行为造成影响
问卷调查法	1. 可大规模开展 2. 调查数据资料易于汇总统计	1. 问卷设计周期较长 2. 可能会出现回收率低的情况
资料分析法	1. 耗时少 2. 成本低 3. 资料信息质量高	1. 不能显示解决办法 2. 需要分析专家
小组讨论法	1. 对问题分析更加全面 2. 有利于发现问题的原因及解决办法	1. 持续时间长 2. 小组负责人必须具有良好的组织、协调能力
测试法	1. 测试结果容易量化和比较 2. 有助于确认问题产生的原因	1. 测试结果无法展现实际工作行为态度 2. 人数较少的测试结果仅适用于特定情况

1.1.3　培训需求分析工具

在实际工作中，无论采取哪种培训需求分析方法，均不可避免地要用到一些分析工具，以下是五种常见的分析工具。

1. 访谈记录表

访谈记录表能够帮助访谈者记录访谈详细内容，并形成相关文字材料。表 1—5 和表 1– 6 提供了员工访谈记录表和员工访谈清单的样本。

表 1—5　　员工访谈记录表（样本）

访谈时间		访谈地点		访谈者	
被访谈者		职务		年龄	
访谈提纲					
回答要点					
结果分析					

表 1—6　　员工访谈清单（样本）

访谈对象：　　　　访谈时间：

具体问题	访谈记录
员工特别出色的知识、技能表现在哪些方面	
员工特别需要学习的知识和技能包括哪些	
员工对本职工作的热忱、关心度如何	
员工有望取得的成就或可担任的职务有哪些	
员工对今后培训方面的意见	

2. 观察记录表

观察记录表可用于记载观察者观察到的内容或结果，为培训需求分析提供客观依据。表 1—7 为常用的员工观察记录表样本，使用者可根据实际需要对内容进行部分增删。

表 1—7　　员工观察记录表

员工姓名		工作岗位		工作地点	
评价 / 观察内容	很好	好	一般	差	很差
工作效率	□	□	□	□	□
工作质量	□	□	□	□	□
工作态度	□	□	□	□	□
安全意识	□	□	□	□	□

续表

观察内容 \ 评价	很好	好	一般	差	很差
熟练程度	□	□	□	□	□
工作方法的合理性	□	□	□	□	□
时间安排的合理性	□	□	□	□	□
整体工作状态	□	□	□	□	□
记录人：　　记录时间：					

3. 员工培训需求调查表

员工培训需求调查表主要是在对员工培训需求进行调查时所使用的问卷，表 1—8 和表 1—9 提供了两个员工培训需求调查表的样本。

表 1—8　　员工培训需求调查表（样本一）

编号：　　　　年　月　日

培训是公司经营管理中不可缺少的重要环节，为配合公司发展战略需要和员工长远发展考虑，公司计划于近期对员工开展培训。请您根据实际情况填写调查问卷，非常感谢您的配合。					
姓名		性别		年龄	
工作岗位		在岗时间		工作年限	
您认为培训对于自身发展有哪些作用	□开阔视野　□提高技能　□端正态度　□增加知识　□增强沟通　□可升职、加薪　□其他____				
您喜欢哪种培训方式	□课堂讲授　□操作示范　□游戏培训　□模拟培训　□多媒体视听　□案例研讨　□专门指导　□其他____				
您期望的培训时间安排	□上午　□下午　□晚上　□周末　□其他____				
您期望参加的培训课程有哪些（请选择至少 3 项）	□质量管理培训　□自我发展类培训　□管理与领导能力培训　□专业技能培训　□职业素养培训　□其他____				
您在当前工作中面临的最大问题是什么					
您对个人未来发展有什么计划					
您对公司开展培训有哪些建议					

表 1—9　　员工培训需求调查表（样本二）

<table>
<tr><td colspan="5">为了更好地提升员工的职业技能，公司计划近期对部分岗位开展培训。请您根据实际情况填写此项调查问卷，感谢您的配合！</td></tr>
<tr><td colspan="5">一、基本情况</td></tr>
<tr><td>姓名</td><td></td><td>性别</td><td></td><td>年龄</td></tr>
<tr><td>部门</td><td></td><td>职务</td><td></td><td>入职时间</td></tr>
<tr><td rowspan="3">教育背景</td><td>时间</td><td>学校名称</td><td>专业</td><td>学历</td></tr>
<tr><td></td><td></td><td></td><td></td></tr>
<tr><td></td><td></td><td></td><td></td></tr>
<tr><td rowspan="3">培训经历</td><td>培训时间</td><td>培训机构</td><td>培训内容</td><td>所获证书</td></tr>
<tr><td></td><td></td><td></td><td></td></tr>
<tr><td></td><td></td><td></td><td></td></tr>
<tr><td colspan="5">二、对以往培训的感知（可复选）</td></tr>
<tr><td>1. 以往培训形式</td><td colspan="4">□课堂讲授法　□分组讨论法　□角色扮演法　□游戏法　□案例研究法</td></tr>
<tr><td>2. 以往参加的培训</td><td colspan="4">□自己要求　□领导指派　□公司要求　□自费学习</td></tr>
<tr><td>3. 以往培训是否针对个人做过培训需求征询</td><td colspan="4">□是　□否　□偶尔</td></tr>
<tr><td>4. 培训后技能、绩效是否明显提升</td><td colspan="4">□明显提升　□稍有提升　□基本无效　□不了解</td></tr>
<tr><td>5. 以往的培训是否与个人的绩效考核相联系</td><td colspan="4">□是　□否</td></tr>
<tr><td colspan="5">6. 目前工作中遇到的困难与挑战（与职务要求相比，您还欠缺哪方面的知识及技能，需要借助哪些培训来提高自己）</td></tr>
<tr><td colspan="5">7. 职业生涯规划（目标可以是掌握某种技能、承担某种责任、担任某种职务、达到多少年收入等）
近期目标：
中期目标：
长期目标：</td></tr>
<tr><td colspan="5">三、您对哪种培训方式感兴趣</td></tr>
<tr><td>内部培训</td><td colspan="4">□课堂讲授　□小组讨论　□案例分析　□角色扮演　□会议　□其他____</td></tr>
<tr><td>外部培训</td><td colspan="4">□去同行单位交流　□院校合作　□全脱产　□其他____</td></tr>
</table>

续表

四、对未来培训的建议和想法	
1. 最喜欢、最有效、最理想的培训方式排序（请在方框内填写数字 1~7 以表示您的选择顺序）	□课堂讲授 □小组讨论 □角色扮演 □头脑风暴 □户外拓展训练 □案例分析 □游戏训练
2. 最能接受的培训时间	□上班时间 □休息日 □下班后 □无所谓
3. 最想要接受的培训课题	□专业技术知识 □沟通技巧 □销售技巧 □管理技能
4. 合适的培训频率	□每月一次 □每两月一次 □每季度一次 □每半年一次
5. 没有列出，但有必要写明的内容	
6. 目前您急需参加的其他培训（如学历教育、计算机技能、英语技能等，至少列出两项）	
7. 您迫切希望提高的技能和掌握的知识（至少列出两项）	

注：请填写以上信息并在 × × 月 × × 日之前，以部门为单位交到人力资源部，以便安排 × × × × 年培训计划。

4. 小组讨论记录表

小组讨论记录表可帮助培训管理部门详细记录讨论小组成员的表现及结论，为培训需求分析提供资料。表 1—10 为小组讨论记录表样表。

表 1—10　　小组讨论记录表（样表）

小组名称			
小组成员			
小组主持人		讨论方法	
讨论时间		讨论地点	
小组讨论目标			
讨论活动记录			

续表

讨论内容记录	
小组成员表现	
主要结论	
总结与判断	

5. 员工自我检测表

员工自我检测表能够更好地了解员工对不同培训的需求程度，为管理部门进行培训需求分析提供客观依据。表 1—11 为员工自我检测表样表。

表 1—11　　　　员工自我检测表（样表）

项目	对事业重要程度			对自我发展重要程度			目前水平			
	低	中	高	低	中	高	差	中	良	优
计划能力										
执行能力										
沟通能力										
协调能力										
分析能力										
判断能力										
管理能力										
创造能力										
知识水平										
技术水平										
工作能力										

1.2 培训需求分析实施

培训需求分析应由人力资源部或培训部组织开展，作为企业培训工作的首要环节，其具体实施主要遵循以下步骤，如图 1—12 所示。

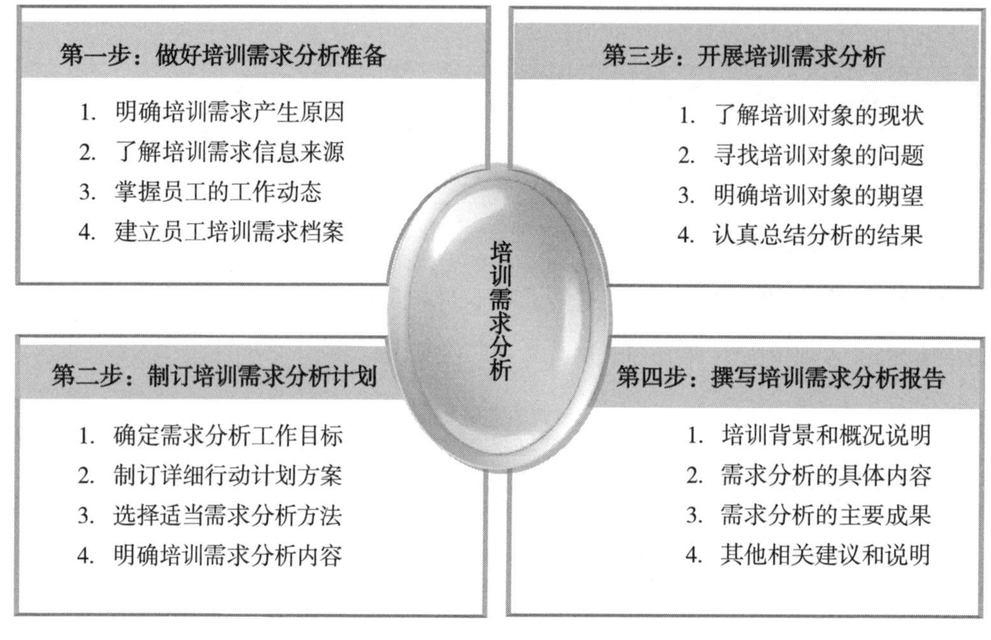

图 1—12 培训需求分析步骤

1.2.1 做好培训需求分析准备

1. 了解培训需求信息来源

培训需求信息主要来源于三个方面，分别是组织内部高层决策者、组织内各部门以及组织中的个人。针对这些信息来源，可以选择通过自我申报、人事考核、人事档案、人员素质测评等方法来收集培训需求信息，如图 1—13 所示。

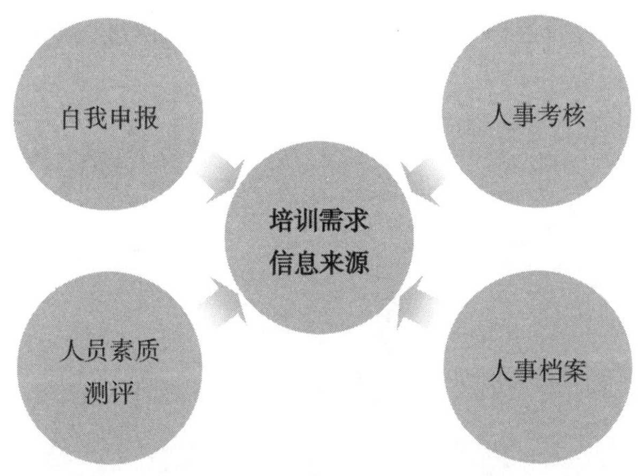

图 1—13　培训需求信息来源

2. 掌握员工工作信息动态

培训管理部门应了解企业生产经营活动并熟悉人员配置变动情况，使开展的培训活动能满足企业发展的需求。培训管理部门应该和其他部门保持密切的关系，这样才能为培训收集到更多、更真实的信息。

3. 建立员工培训需求档案

培训管理部门应注重对员工素质、职位变动、培训经历等情况进行记录，建立员工培训需求档案，并及时关注员工变化，更新档案的内容。

1.2.2　制订培训需求分析计划

1. 确定培训需求分析工作目标

确定培训需求分析工作目标是顺利开展培训需求分析的需要，但由于培训需求分析过程易受到主观和客观因素的影响，所以，在进行培训需求分析时，应尽量排除其他因素的影响，提高培训需求分析结果的可信度。

2. 制订详细行动计划

培训管理部门对于重要的、大规模的培训需求分析工作，应制订详细的行动计划，以明确培训需求分析工作的进度及应注意的事项，并指导培训需求分析工作的顺利开展。

3. 选择适当培训需求分析方法

企业要根据自身实际情况及可利用的资源选择适当的培训需求分析方法。访谈法、观察法、问卷调查法、资料分析法、小组讨论法、测试法等均为培训需求分析的常用方法（见图 1—14），企业可根据实际情况和培训需求的特征进行选择。

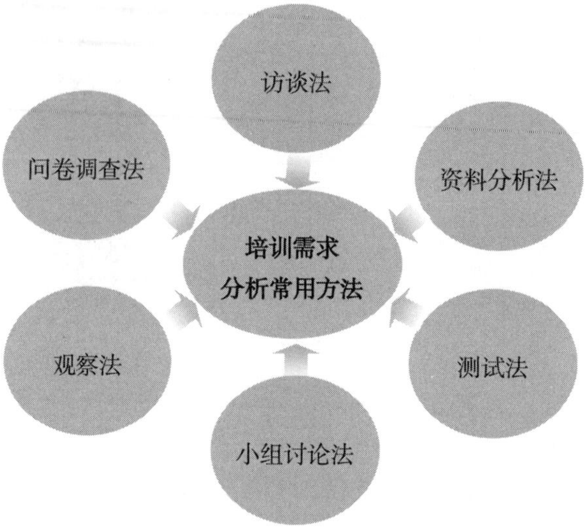

访谈法
问卷调查法
资料分析法
培训需求分析常用方法
观察法
测试法
小组讨论法

图 1—14 **培训需求分析常用方法**

4. 明确培训需求分析内容

培训管理部门将本次培训需求分析应获得的资料除去已有资料，剩余部分即为培训需求应分析内容。培训需求分析的内容不应太广泛，以免引起时间和资源的浪费。

1.2.3 开展培训需求分析

1. 了解培训对象的现状

在培训需求分析工作开展之前，培训管理部门应对培训对象的现状进行了解。图 1—15 对需要了解的培训对象现状进行了简单概述。

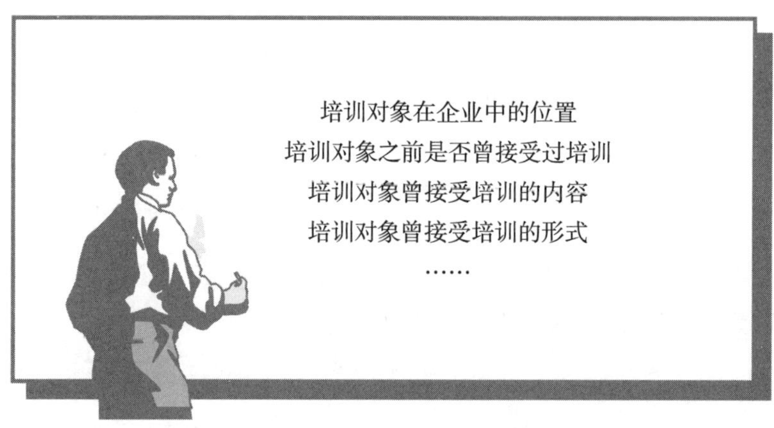

图 1—15 **需要了解的培训对象现状**

2. 寻找培训对象存在的问题

员工在工作中存在的问题，并不是每名员工自身都能发现，因此需要培训管理部门帮助员工去发现问题、分析问题，这样更有利于调动员工积极性，使其采取更为合作的态度配合调查。

3. 明确培训对象的期望

在培训需求分析中，应明确培训对象所期望达到的培训效果。当培训本身不能满足培训对象或与培训对象期望差距过大时，应向培训对象说明原因。

4. 认真总结分析的结果

培训管理部门要认真分析通过各种方式获取的培训需求资料，从中找出员工的培训需求。在此过程中，应妥善处理普遍需求和个别需求之间的关系，如图 1—16 所示。

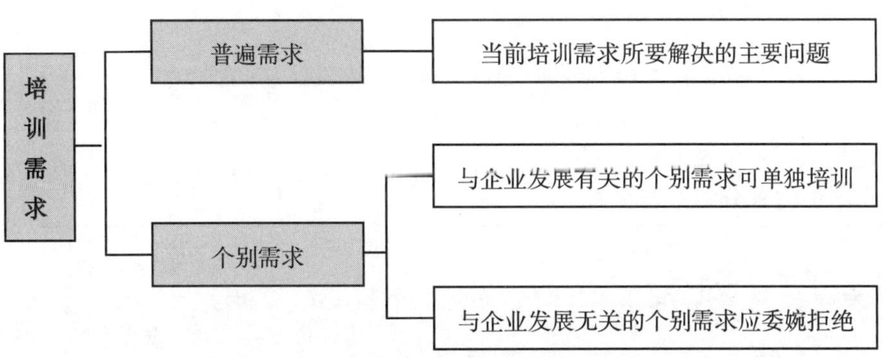

图 1—16　对普遍需求与个别需求的处理

1.2.4　撰写培训需求分析报告

1. 培训需求分析报告内容

在对培训需求信息进行分析处理以后，需要根据处理结果撰写培训需求分析报告。图 1—17 为培训需求分析报告的主要组成部分。

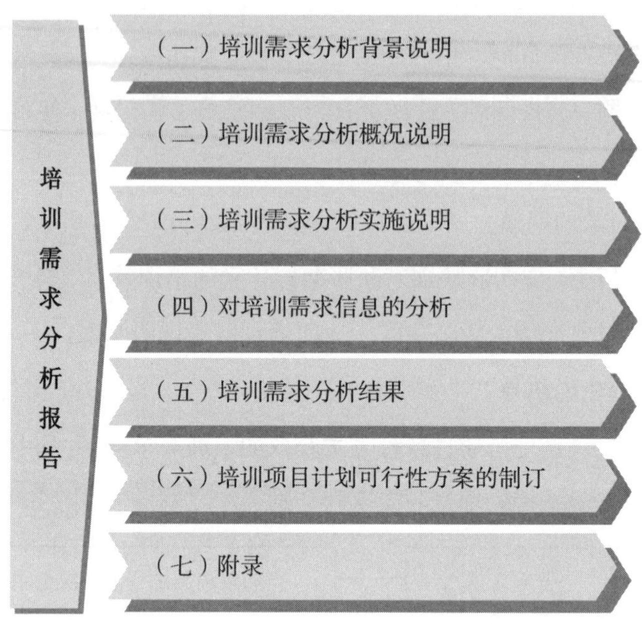

图 1—17　培训需求分析报告的主要组成部分

2. 培训需求分析报告样本

<table>
<tr><td rowspan="2">文案名称</td><td rowspan="2">××公司 ××××年度培训需求分析报告</td><td>编制部门</td><td></td></tr>
<tr><td>编号</td><td></td></tr>
<tr><td colspan="4">一、培训需求分析背景
××公司自成立以来，一直保持着较快的发展速度，然而随着市场竞争的加剧，公司竞争优势也面临着前所未有的挑战。
××××年，公司制定了销售额年增长×%、年利润达×亿元的经营目标。为确保其目标的实现，前提之一是建立起支持公司长期发展的人才培训体系。根据培训体系建设的要求，公司近期决定在全公司范围内开展培训。为了全面了解公司培训需求状况，保证培训的科学性、针对性，避免开展不必要的或徒劳的培训，公司特进行此次培训需求分析。
二、培训需求分析实施情况
为了全面了解公司内部成员是否需要培训、为什么需要培训，以及需要哪些培训等问题，由人力资源部负责组织开展培训需求分析，各部门积极配合人力资源部做好相关工作。
此次培训需求分析于××××年 11 月 1 日开始，至××××年 11 月 30 日止，活动范围涉及本公司 11 个部门 506 名部门经理及以下工作人员。在培训需求分析实施中，采取访谈法、观察法、问卷调查法、小组讨论法、资料分析法等多种分析方法，具体情况见表 1。</td></tr>
</table>

表 1　　培训需求分析方法、对象及内容

分析方法	实施对象	针对内容
访谈法	各部门管理人员	部门总体培训需求情况，领导对培训需求的认知程度、对培训的重视程度等
观察法	一线操作人员	员工目前工作状况及工作中存在的问题
问卷调查法	各部门员工	员工期望的培训内容、方式、时间、地点等
小组讨论法	代表性成员所组成的小组	员工培训需求产生的原因及解决问题的办法
资料分析法	职位说明书、工作报告、日志等相关资料	员工的年龄、文化、技术、能力等方面与职位所要求的任职资格和能力之间的差距

三、培训需求分析结果

1. 存在的问题

通过调查了解发现，本公司员工工作中存在如下问题（详情见表 2）。

表 2　　存在的问题

人员构成	存在的问题	解决办法
销售人员	销售办法老套，紧迫感、危机感不足，队伍工作状态消极、积极性不高	培训
操作人员	年轻，经验有限，专业能力和综合素质需进一步提高	培训
研发人员	缺乏优秀的管理人员	招聘和培训

2. 培训需求调查结果

第一，不同部门员工对培训内容的要求存在差异。工作年限较短的员工期望参加基本培训（占××%）、专业培训（占××%），而工作年限较长的员工则更期望参加管理培训（占××%）、新晋培训（占××%）等。

第二，员工对于培训方式的要求有很大不同。入职时间较短的员工更期望通过现场示范（占××%）、专门指导（占××%）的方式进行培训，入职时间较长的员工中期望通过课堂讲授的方式进行培训的占比很大（占××%）。

第三，员工对于培训地点的要求比较高。在对员工期望的培训地点进行调查时发现，绝大多数员工期望在专业培训基地进行培训（占××%）。

第四，员工对于培训时间的要求比较分散，这使集中开展员工培训的难度加大了。

3. 解决办法

为了有效解决上述问题，人力资源部协商各部门相关领导，制订了如下解决方案。

第一，培训对象安排。××××年公司的培训将涉及经理级以下每名员工，并根据培训对象的不同采取差异性培训方式和内容。

第二，培训时间安排。××××年员工培训时间将尽量安排在工作日，避免占用员工休息时间，并在综合考虑员工工作安排和个人意愿的基础上，分组进行培训。

第三，培训方式安排。综合考虑不同类型员工对培训方式的要求差异，在培训中，将把多种培训方式有机结合，以提高受训人员的参与度并达到更好的培训效果。

第四，培训内容安排。采取基本培训与重点培训相结合的方式。对于一般员工，由本部门根据实际工作需要引入与工作相关的基本培训和专业培训；对于公司重点培养的基层管理人员，则由人力资源部统一进行管理培训和新晋培训。

第五，培训地点安排。在充分考虑培训成本和效果要求的基础上，××××年公司的培训将主要在公司培训教室和工作现场开展。

四、其他说明

1. 培训资源。××××年培训工作组将由本公司在职管理人员、业务精湛员工、公司外聘××大学教授共同组成；同时，充分利用网络视频教程、会议专题资料等充实本次培训。

2. 由于不可控因素的影响，在培训实施过程中，培训时间可能无法保证完全按计划执行，需要根据实际情况的变化进行适当调整。

五、相关图表（略）

编制日期		审核日期		批准日期	
修改标记		修改处数		修改日期	

第 2 章

培训计划管理

员工培训管理精细化
实操手册

经过培训需求分析，明确了培训需求后，在结合本企业战略目标的基础上，即可确定培训目标并制订培训计划。培训目标的确定为培训提供了方向和框架，培训计划的制订则可使培训目标变为现实。

2.1 培训计划编制

培训计划是指对未来一定时间内将要进行的培训工作所做的事先安排，是做好培训工作的前提条件。

培训计划按照不同的划分标准有不同的分类方式，常见的类型如图 2—1 所示。

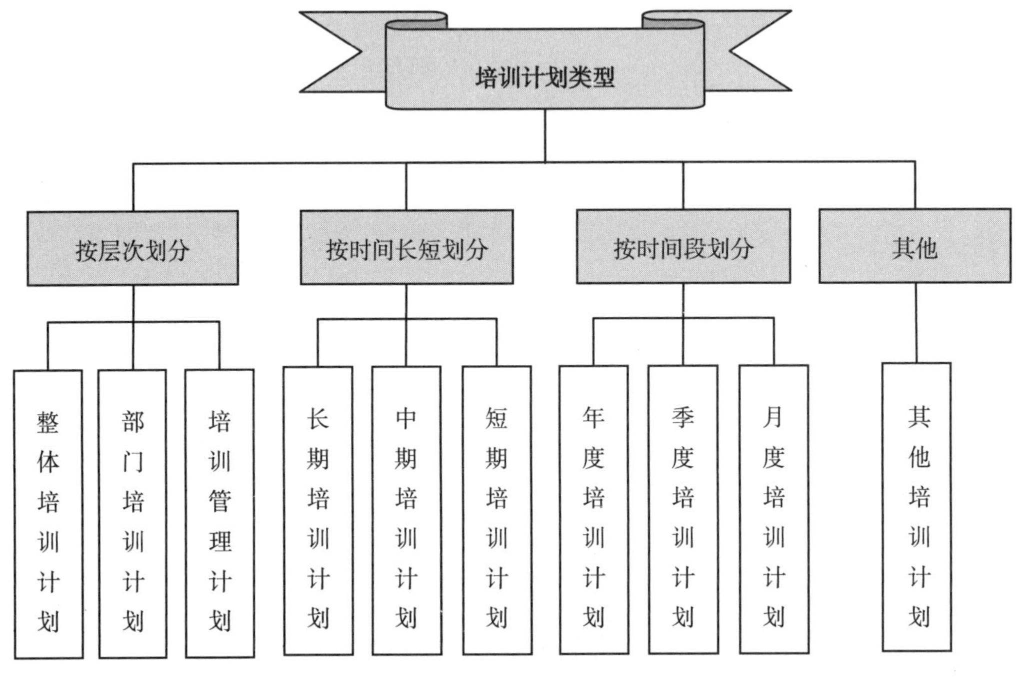

图 2—1 培训计划类型

2.1.1 培训计划编制内容

不管是年度培训计划、季度培训计划还是其他培训计划，在编制培训计划时都需要考虑培训计划包含的一些必需要素。其所涉及的内容包括设定培训目标、确定培训时间和地点、确定培训内容等方面，具体如图 2—2 所示。

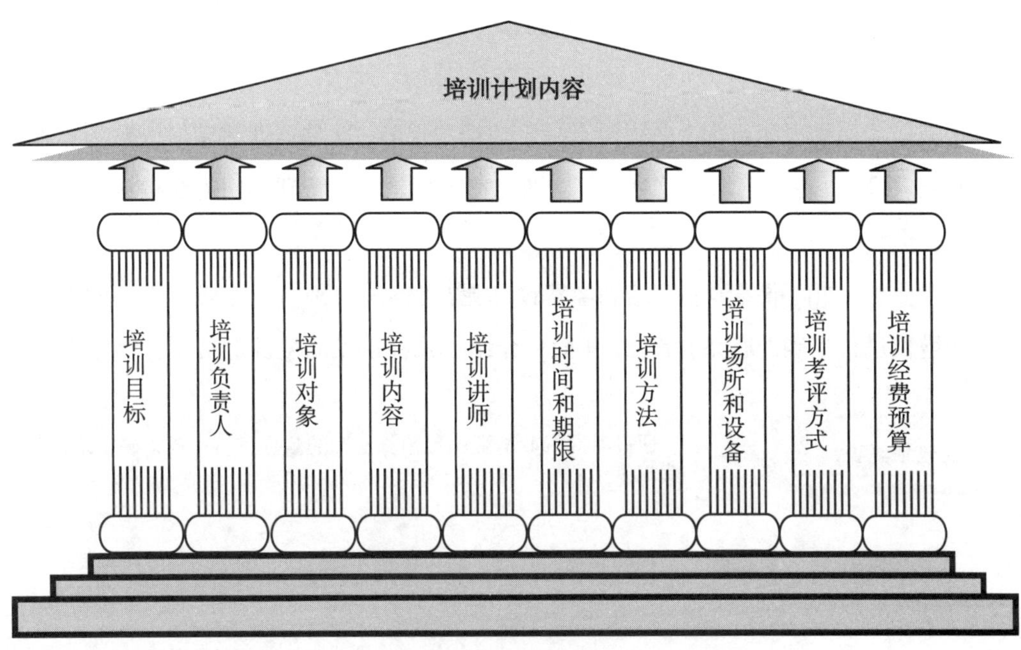

图 2—2　**培训计划内容**

2.1.2　培训计划制订步骤

培训计划的制订情况直接影响着培训的效果，其制订步骤如图 2—3 所示。

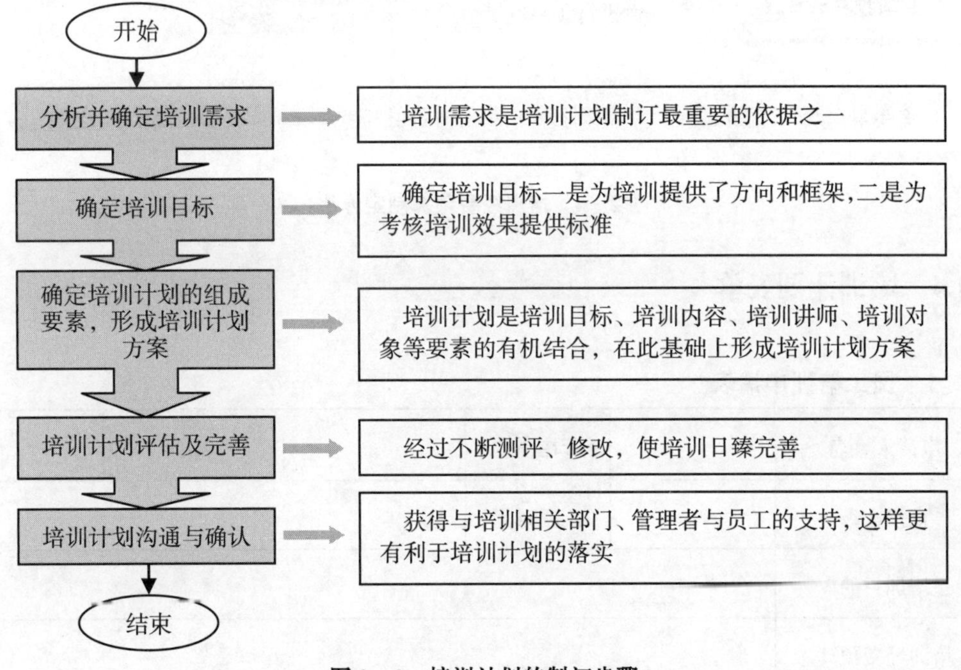

图 2—3　**培训计划的制订步骤**

2.1.3 培训经费预算

培训作为一种投资行为，必须要有一定的经费保障，这是培训活动得以顺利实施的物质基础。因此，在制订培训计划时，培训经费预算是培训管理部门需要重点考虑的因素之一。

在企业中，如何准确地制定培训经费预算呢？在实际工作中，很难将培训的作用与利润的增长进行准确的联系，图 2—4 简单介绍了几种常见的培训经费预算制定方法。

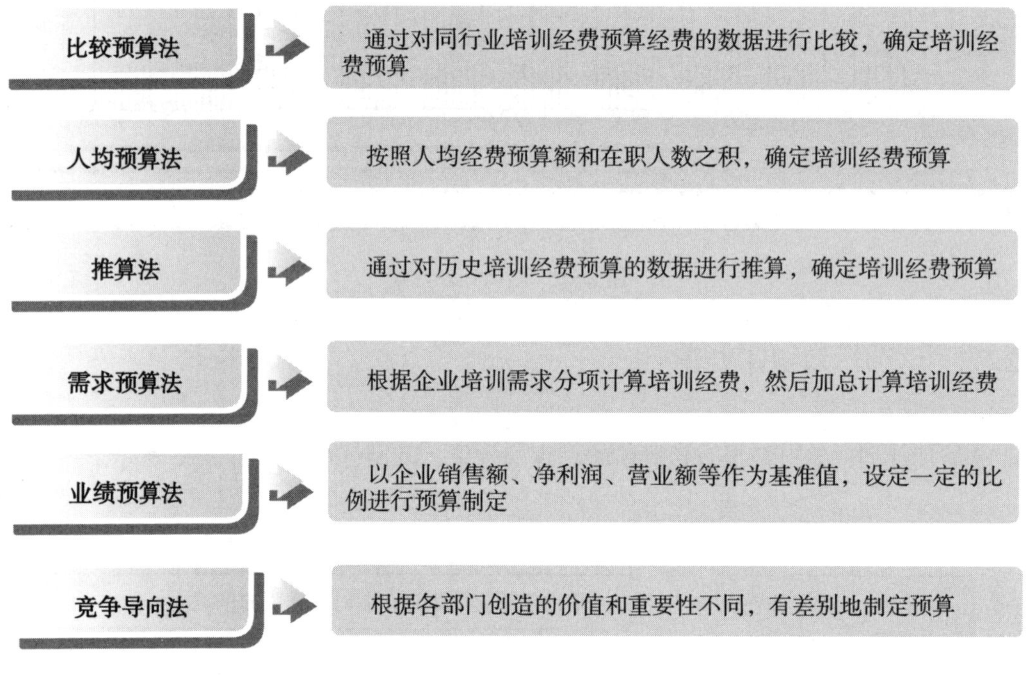

图 2—4 培训经费预算制定方法

2.1.4 培训计划表单

1. 员工培训申请表

<table>
<tr><td>申请人姓名</td><td></td><td>所在岗位</td><td></td><td>所属部门</td><td></td></tr>
<tr><td>直接上级</td><td></td><td>入职时间</td><td colspan="3"></td></tr>
<tr><td>培训目的</td><td colspan="5"></td></tr>
<tr><td>培训经费预算</td><td colspan="5"></td></tr>
</table>

培训内容	期望培训方式	期望培训时间
部门主管审核	签字：　　　日期：	
人力资源部审核	签字：　　　日期：	

2. 年度培训计划表

月份	培训课程	相关部门	培训对象	培训课时	培训方式	经费预算	备注
1							
2							
3							
4							
5							
6							
7							
8							
9							
10							
11							
12							
财务部审核	签字：　　　日期：						
人力资源部审核	签字：　　　日期：						
总经理意见	签字：　　　日期：						

3. 月度培训计划表

部门/单位			日期			
培训计划具体内容						
起止时间	培训课程	培训方式	授课人员	考核方式	经费预算	负责人
培训对象						
××部门		××部门		××部门		××部门
培训资源						
内部资源				外部资源		
批准人		审核人			拟定人	

4. 员工培训计划表

（1）员工培训计划表（一）

培训项目				
培训时间	培训内容	培训地点	培训讲师	负责人
参加培训人员共计____人，其名单如下：				

姓名	职务	部门	
培训费用预算（单位：元）		每人分摊费用（单位：元）	

（2）员工培训计划表（二）

编号：　　　　　　　　制表人：　　　　　　　制表时间：　　　　　　年　　月　　日

培训名称						**培训对象/人数**		
培训内容						**培训时间**		
课程	培训时间	培训地点	培训机构	培训讲师	培训方式	预期效果	经费预算	备注
参加人员名单	姓名			职位			部门	
人力资源经理				总经理				

填写说明：

1. 培训机构可以是内部部门，也可以是外部企业；
2. 培训方式分为课堂授课、视频教学、团体讨论、实地观摩、军训、拓展训练等；
3. 员工培训计划表须报人力资源部经理和总经理审批。

2.2 培训计划实施

2.2.1 培训实施准备

1. 设计培训课程

（1）培训课程设计要素

培训课程的设计通常包含课程目标、培训内容、课程教材、培训形式、培训对象等九大要素，如图 2—5 所示。培训课程设计中，可依据课程要求，对这些要素进行不同的选择和处理，设计出不同的培训课程。

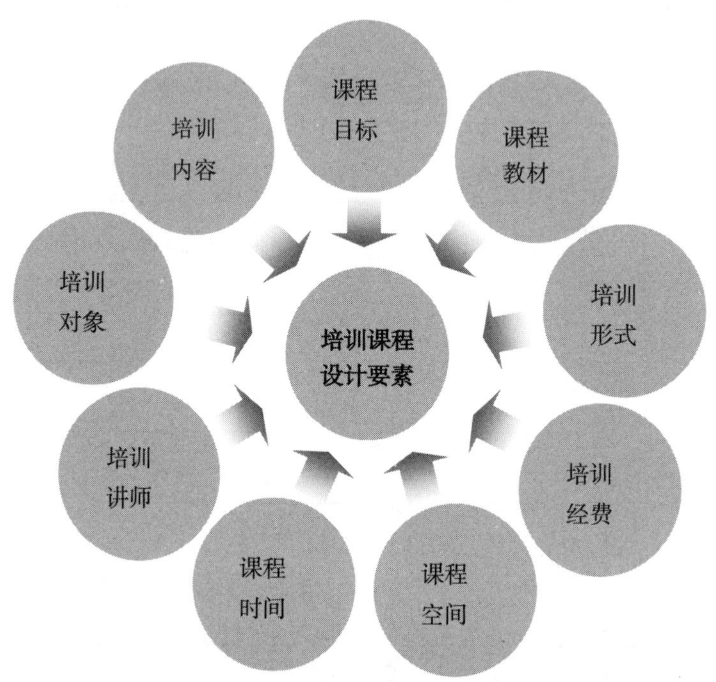

图 2—5 培训课程设计的九大要素

（2）培训课程设计示例

表 2—1 是某企业设计的销售人员培训课程，供参考。

表 2—1　　某企业销售人员培训课程设计表

课程性质	课程名称	主要培训形式	培训讲师	培训课时	培训地点	培训对象		
						新进销售员	销售员	主管/经理
基本常识	公司文化、规章制度等	课堂讲授法	人力资源经理	2 小时	人力资源部	√		
	公司产品特点及优势	课堂讲授法	销售经理	3 小时	销售部	√		
业务知识	谈判方法和技巧	课堂讲授法、角色扮演法	销售经理	3 小时	销售部	√	√	
	销售方法和技巧	课堂讲授法、视听法	销售经理	3 小时	销售部	√	√	
	客户心理分析	课堂讲授法、视听法	销售主管	2 小时	销售部	√	√	
	市场分析方法	课堂讲授法	销售经理	2 小时	销售部	√	√	
	销售员信心培养	课堂讲授法	销售经理	3 小时	销售部	√	√	
管理知识	市场趋势分析与决策	课堂讲授法	外聘讲师	2 小时	会议室			√
	销售渠道管理	课堂讲授法	外聘讲师	2 小时	会议室			√
	销售员潜能开发	课堂讲授法、游戏法	人力资源经理	4 小时	会议室	√	√	√
	大客户管理	案例研究法	外聘讲师	2 小时	会议室			√
	销售团队建设	课堂讲授法	外聘讲师	2 小时	会议室			√
备注	培训经费明细							

2. 选择培训讲师

培训讲师是开展培训的授课主体，其知识丰富程度、语言表达方式、授课形式等均会对培训效果产生影响。培训管理部门应根据每个培训项目的目的、要求、内容等特点选择既具备某方面对口专业知识，又具有丰富实践经验的培训讲师。

培训讲师主要有两大来源：企业外聘和企业内部开发。培训管理人员应根据企业实际情况，确定适当的内部和外部培训讲师的比例，尽量做到内外搭配、相互学习、相互促进。无论培训讲师来自企业内部或是外部，培训组织者对于培训讲师的备课、培训内容的讲授等方面都要进行适时监督，并制定相应的规范对培训讲师实行科学、严谨的管理。下面是某公司制定的培训讲师管理规定。

<table>
<tr><th rowspan="2">制度名称</th><th rowspan="2">××公司培训讲师管理规定</th><th>编号</th><th></th></tr>
<tr><th>执行部门</th><th></th></tr>
<tr><td colspan="4">

第 1 章　总则

第 1 条　目的

为聘请外部培训讲师及公司内部培训讲师的管理工作提供依据，确保培训讲师队伍的素质，以及培训工作的质量和效果，特制定本管理规定。

第 2 条　适用范围

本规定适用于公司内部培训讲师以及外聘的培训讲师。

第 2 章　培训讲师的选拔

第 3 条　本着公平、公正、客观的原则对培训讲师进行选拔。

第 4 条　凡在管理、业务、专业知识等方面具有较为丰富的经验，工作业绩突出，同时具有较强的语言表达能力和个人魅力的人员，均可参加内部培训讲师的选拔；对于外聘培训讲师的选择，应当对外聘培训讲师的理论知识、相关工作经验、授课水平等进行详细考察，以确定人选。

第 5 条　内部培训讲师选拔程序

1. 由各部门推荐或个人自荐，填写《内部培训讲师推荐（自荐）表》，由各部门经理或副经理审核，报人力资源部审核。

2. 人力资源部初步审核后，确定内部培训讲师人员名单，报公司领导审批。

第 6 条　凡参加外派培训，一次培训时长在 × 天或以上的人员，经人力资源部考虑，可作为公司临时内部培训讲师，具有为员工提供一次时间不少于 × × 时长的培训（内容、培训时间自定）的义务，如讲课现场效果评估能达到内部培训讲师基本要求，经个人申请可纳入公司正式内部培训讲师选拔范围。

第 7 条　外部讲师的来源

1. 从大中专院校聘请教师。

2. 聘请专职的培训讲师。

3. 从顾问公司聘请培训顾问。

4. 在网络上寻找并联系培训讲师。

第 3 章　公司内部培训讲师的管理

第 8 条　培训讲师等级评定

1. 为了更好地激励培训讲师提高自身的业务水平，提升其工作积极性，特对培训讲师进行等级评定。

</td></tr>
</table>

2. 培训讲师等级。

培训讲师分为三个等级：初级、中级和高级，具体评定等级如图 1 所示。

	初级讲师	中级讲师	高级讲师
授课积分	××分	××分	××分
授课内容	讲授×～×门课程	讲授×～×门课程	讲授×～×门课程
培训评估得分	平均得分在××分以上	平均得分在××分以上	平均得分在××分以上

图 1　培训讲师评定等级

第 9 条　培训讲师等级动态管理

各等级培训讲师连续两次评定达到某一等级分数，则可以提出升级申请，由人力资源部和总经理进行审核确定。如果连续两次评定得分未在本等级得分范围内，则进行降级处理；对于初级培训讲师则取消其培训讲师资格。

第 10 条　培训讲师授课费用

培训讲师授课费用按等级分类（具体见表 1）。

表 1　培训讲师授课费用标准表

等级	标准（元/小时）
初级	××
中级	××
高级	××

培训讲师授课费用=培训课时费用标准×小时数×课程满意度系数

其中，课程满意度系数根据对学员的调查情况，由人力资源部评定。评分标准见表 2。

表 2　课程满意度系数评分标准表

评分	课程满意度系数
90 分及以上	1
80～89 分	0.9
70～79 分	0.7
60～69 分	0.5
60 分以下	0.3

第 11 条　内部培训讲师岗位职责

1. 配合人力资源部对公司所有员工进行培训。

2. 制定所授课程的教学大纲，收集相关资料，编制教材及配套试题。

3. 能及时发现公司新的培训需求，开发新的培训课程。

第 4 章　外部培训讲师管理规定

第 12 条　外聘培训讲师在培训期间不得在本公司内从事与培训无关的活动。

第 13 条　外聘培训讲师进入本公司进行培训，应服从本公司安排，遵守本公司规章制度。

第 14 条　未经公司同意，外聘培训讲师不得擅自发表与本公司有关的信息。

第 15 条　如违反以上规定，公司概不发放培训费用。

第 16 条　外聘培训讲师因违反上述规定给公司造成损失的，公司有权要求其进行相应赔偿。

第 5 章　培训讲师考核

第 17 条　培训后的考核

每次培训结束后，由人力资源部负责对培训讲师进行考核。考核内容包括培训讲师的授课内容和讲课效果、学员反馈情况等。人力资源部在收集考核信息的基础上，对培训讲师进行评分，评估结果直接影响其津贴、奖金等的发放。

第 18 条　年终考核

按公司绩效标准，对培训讲师进行年终考核。年终考核办法见公司绩效考核相关规定。连续两年考核不合格者，将取消其培训讲师资格。对于表现优秀者，公司将给予额外奖励。

第 6 章　附则

第 19 条　本管理规定由公司人力资源部负责制定，经公司总经理审批后实施，修改时亦同。

第 20 条　本管理规定解释权归公司人力资源部。

编制人员		审核人员		批准人员	
编制日期		审核日期		批准日期	

3. 确定培训时机

企业一般会在新员工入职、企业技术革新、销售业绩下滑、员工升职、引进新技术、开发新项目、推出新产品时对员工进行培训。因为这时员工培训需求最为明显。

在具体培训日期的确定上，企业一般会考虑销售淡季或生产淡季，以不影响正常的业务开展为前提。对于新员工，则选择在上岗前进行集中培训。

4. 选择培训场所

对培训讲师和培训对象来说，培训场所是十分重要的。舒适的环境会令员工学习的效果更好。培训场所的选择要遵循一定的原则，即保证培训实施的过程不受任何干扰。选择培训场地时需要综合考虑以下三方面因素。

（1）培训场所的空间

空间要足够大，能够容纳全部培训对象并配有相关设施。

（2）培训场所的配套设施

培训场所的电子设备、音响等条件应当符合培训的要求。

（3）培训场所的整体环境

培训场所的室内环境和气氛会影响到培训对象的情绪，继而影响到培训效果。应确保培训场所的温度、噪声、通风、光线等情况良好。

培训场所是影响培训实施的一个重要因素，培训负责人应选择好培训场所，并对其进行适当的布置，尽量营造出愉快、舒适、有利于培训开展的氛围。

5. 培训工具的准备

（1）影响培训工具选择的因素

培训工具应针对组织和成员的特点量身定制。通常情况下，企业在进行培训工具选择时会考虑多种因素，如图 2—6 所示。

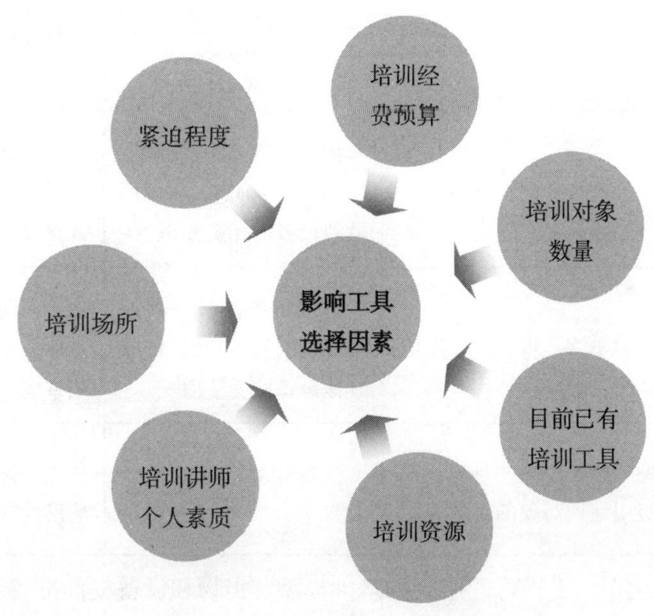

图 2—6　影响培训工具选择的因素

（2）常用培训工具的选择与使用

培训工具都各具优缺点，表 2—2 对一些常用培训工具的优缺点进行了比较和总结，企业可根据其具体情况选择使用。

表 2—2　　常用培训工具比较表

培训工具	优点	缺点	使用注意事项
教材资料	价格相对便宜，可永久保存	局限于图标和文字	内容应清晰、有逻辑，装订应简便，易携带
书写板	易于操作、移动、修改，价格便宜，耗材容易获得	局限于简单的图标和文字，受距离限制	书写板位置摆放合理，书写应简单、清晰
投影仪	展现直观、形象	价格昂贵，不易运输安装；培训讲师需具备投影仪使用相关知识	培训场所内光线是否太强，投影仪是否调试完好
幻灯片	易于操作	局限于图表和文字，费时，缺少动画效果	幻灯片应加注页码，幻灯片亮度和放映速度应适中
录像和光盘	内容表现形象、直观	价格昂贵，不易移动安装；培训讲师需具备使用放映设备的相关知识	对培训录像和光盘进行试看，调试好合适的光线、音量等
计算机	内容丰富、直观，速度快	培训讲师需具备使用计算机的相关知识，需与其他设备配套使用	培训前应先熟悉计算机操作，检查配套设备和备用系统
活动挂图	便于携带，价格便宜，易于吸引培训对象的注意力	容易损坏，缺少动画效果	确保挂图支架牢固，课前设计好挂图页码

在培训开始之前，要将可能用到的培训模型、实物和设备提前准备到位，并对设备一一进行调试和检查，以保证其运行时状态良好。

6. 制订培训计划表

制订培训计划表的目的是明确培训的内容、时间、地点、方式、要求等，使人一目了然，同时也便于安排企业其他工作。

以下为某公司的销售人员培训计划表，以供参考。

<table>
<tr><td rowspan="2">文案名称</td><td rowspan="2">××公司销售人员培训计划表</td><td>编号</td><td></td></tr>
<tr><td>执行部门</td><td></td></tr>
</table>

一、培训目的

提高销售人员的整体素质和销售技能，激发销售人员的潜能，提高销售人员的自信心，从而提高销售人员的业绩，进而提高公司的销售额和市场占有率，达到公司的市场目标，实现公司的经营业绩。

二、培训内容

人力资源部于上一年度 12 月对公司销售部员工开展了本年度培训需求调查，了解员工目前的工作状态，为科学合理地制订年度培训计划提供了充分的依据。需求分析调查结果在此略去。

根据对销售部员工培训需求调查的结果，公司拟定的本年度销售人员培训内容具体见表 1。

表 1　　销售人员培训内容

培训项目	培训内容
知识培训	1. 产品知识（生产工艺与设备，产品的品种、用途及其特点，主要竞争对手及其产品，产品的价格、包装、使用情况等）
	2. 行业与市场知识（市场的分布及其容量，行业、市场的特点等）
	3. 营销基础知识
	4. 质量知识
	5. 管理知识
	6. 销售人员商务礼仪（形象要求、电话礼仪等）
营销方法和技巧培训	1. 销售渠道的开发与管理
	2. 如何制订有效的销售计划
	3. 客户购买行为分析
	4. 潜在客户的开发与管理
	5. 如何规划一个好的开场
	6. 把握销售的机会
	7. 销售谈判艺术
	8. 客户关系管理
	9. 销售人员的时间管理
	10. 有效沟通技巧
心理素质与态度培训	1. 销售人员的心态
	2. 销售人员的心理素质训练

续表

培训项目	培训内容
心理素质与态度培训	3. 销售人员的潜能开发
销售管理培训（主要针对销售主管及更高级别销售管理人员）	1. 销售管理控制
	2. 领导力培训
	3. 销售人员的招聘、培训、考核管理
	4. 高绩效团队与沟通

三、培训方式

外部培训与内部培训相结合，采用公司内部讲座、多媒体教学、拓展训练等方式，鼓励员工自主参加相关知识学习和学历继续教育。

四、培训讲师与外部培训机构的确定

1. 公司针对销售人员心理素质部分的培训内容采取拓展训练的方式进行，交由××培训咨询公司负责拓展训练培训的具体实施工作。

2. 张某，公司培训主管，主要负责营销知识与销售人员态度内容的培训。

3. 王某，车间主任，主要负责公司产品知识与质量内容的培训。

4. 李某，某大型企业销售经理，具有十年销售经验，主要负责营销方法和技巧内容的培训。

5. 赵某，某培训公司培训讲师，具有丰富的理论知识和一定的销售实践经验，主要负责销售管理内容的培训。

五、培训实施管理

1. 培训组织机构及职责

本次培训的组织机构为公司人力资源部与销售部。人力资源部负责培训活动的总体组织安排，销售部负责培训工作的具体实施工作。

2. 公司计划于×—×月每月×日开始实施制订的培训计划，公司人力资源部对各项培训的实施情况进行跟踪。

六、培训效果评估

培训活动结束后，为了提升和确保培训的效果，培训部门将对每项培训的效果进行评估、分析和改进工作，主要考查培训对象对知识的掌握程度、对销售技能的掌握情况，以及对本次培训的反馈情况等。主要通过填写员工培训效果评估表、进行测试、对员工日常工作表现进行观察等形式，掌握培训取得的实际效果，并收集关于改进完善员工培训的建议，以便公司对整个培训过程进行综合评价和改进，进一步提高员工培训的整体水平。

七、培训经费预算

销售部门此次制订的培训计划所需的培训经费预算情况具体见表 2。

表 2　　培训经费预算表

支出项目	数额
培训讲师课时费	××××元
培训讲师餐饮、交通费	××××元

续表

支出项目	数额
培训教材费	××××元
打印、复印费	××××元
矿泉水及其他费用	××××元
合计	×××××元

编制人员		审核人员		批准人员	
编制日期		审核日期		批准日期	

2.2.2　培训方法选择

培训方法种类繁多，在培训过程中，选择一种适宜的培训方法至关重要。每种培训方法都有不同的侧重点，因此必须根据培训目的、对象等的不同，选择适当的培训方法。培训方法的选择除了要考虑人员特点外，还要考虑企业的客观条件。下面就企业常用的七种培训方法进行介绍，供参考。

1. 课堂讲授法

课堂讲授法是通过语言和文字书写的方式将学习信息和材料传递给培训对象的一种培训方法。课堂讲授法的优缺点如图 2—7 所示。

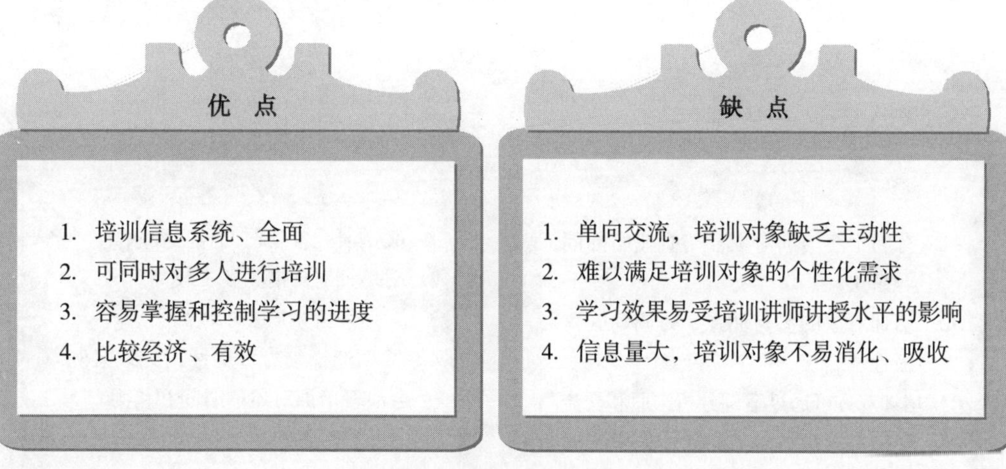

图 2—7　课堂讲授法的优缺点分析

2. 分组讨论法

分组讨论法是将培训对象聚集在一起，分组讨论并解决问题的一种培训方法。通常情况下，讨论小组负责人是管理人员，他的主要作用是确保讨论的正常进行，避免讨论偏离主题。分组讨论法的优缺点如图 2—8 所示。

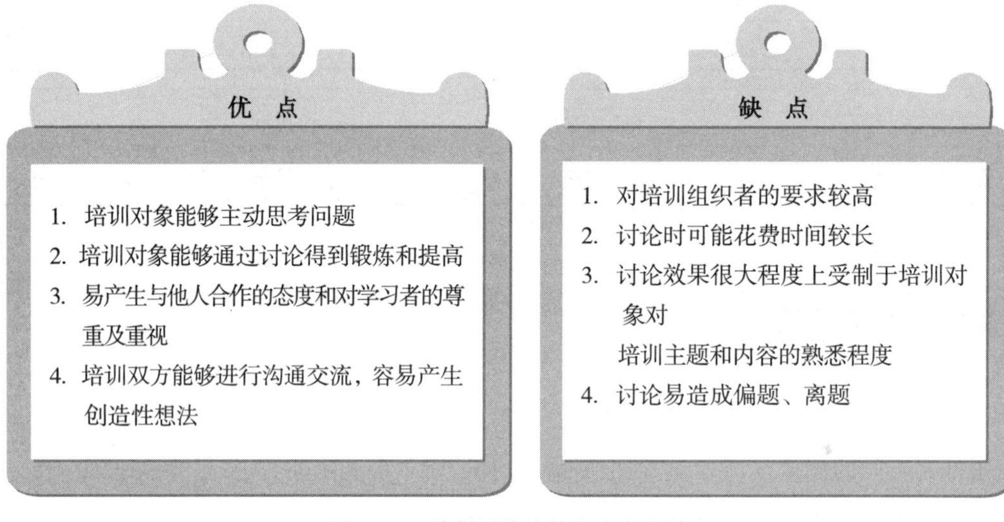

图 2—8　分组讨论法的优缺点分析

3. 案例研究法

案例研究法是由培训者按照培训需求向培训对象展示真实性背景，提供大量背景材料并做出相关解释后，由培训对象依据背景材料对案例进行分析和评价，并提出解决问题的建议和方案的一种培训方法。案例研究法的优缺点如图 2—9 所示。

图 2—9　案例研究法的优缺点分析

4. 角色扮演法

角色扮演法是要求培训对象在模拟的工作环境中，扮演某种角色，对实际工作中可能出现的情况和问题做出反应，以使其掌握必要的培训技能的一种培训方法。角色扮演法的优缺点如图 2—10 所示。

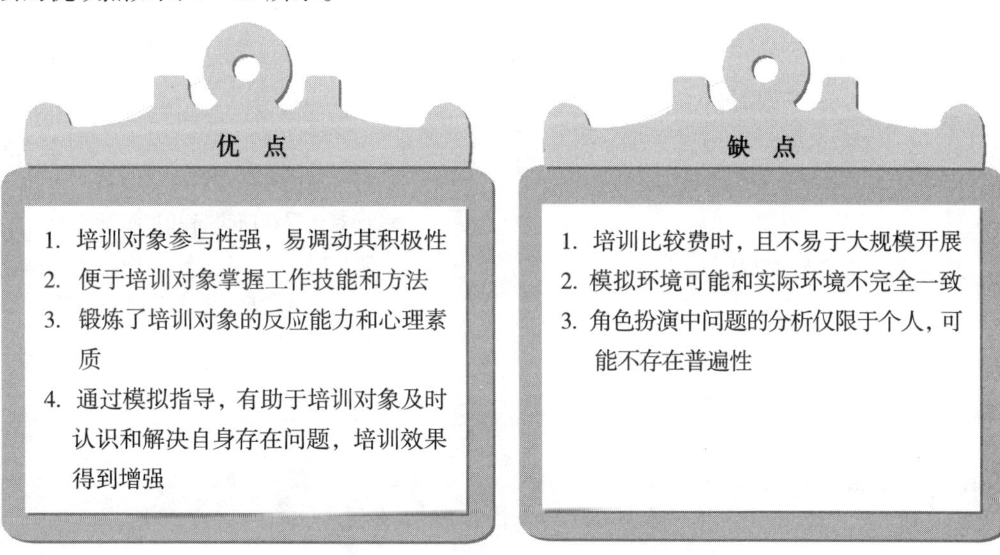

图 2—10 角色扮演法的优缺点分析

5. 游戏法

游戏法是反映由两个或更多的参与者在遵守一定规则的前提下，相互竞争并达到预期目标的一种培训方法。游戏法的优缺点如图 2—11 所示。

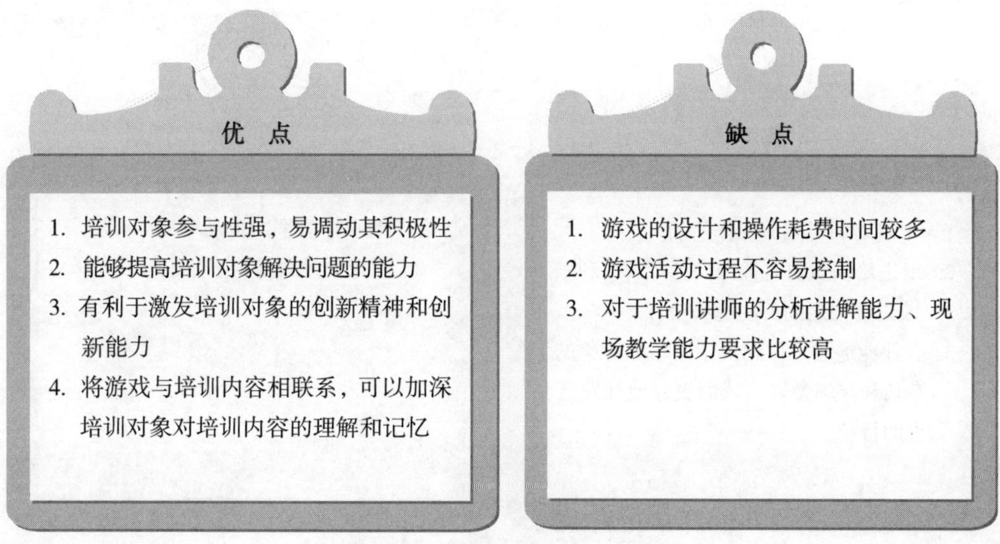

图 2—11 游戏法的优缺点分析

6. 视听法

视听法是利用幻灯、电影、录像等方式对员工进行培训的一种方法，员工在观看相关内容的过程中进行学习。视听法的优缺点如图 2—12 所示。

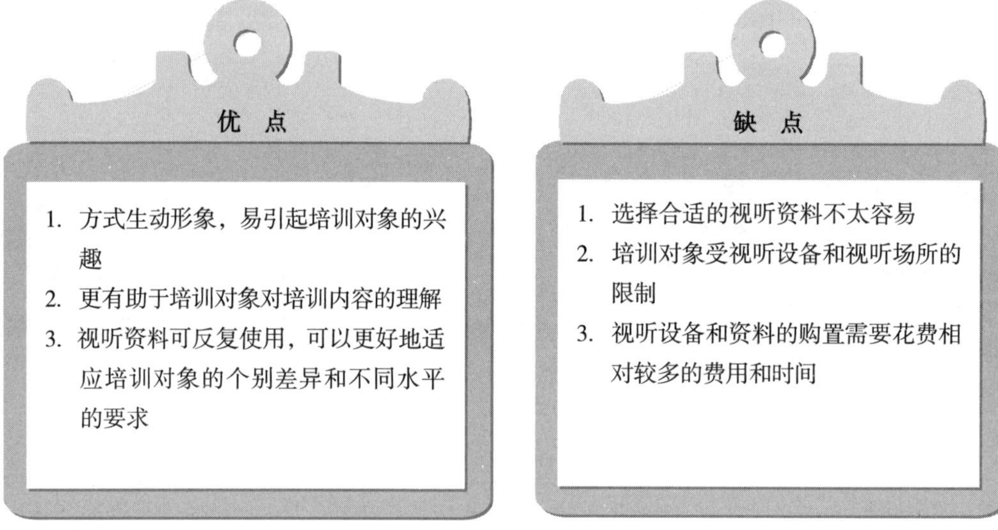

图 2—12 视听法的优缺点分析

7. 工作轮换法

工作轮换法是将培训对象由一个岗位调到其他岗位以丰富其工作经验的一种培训方法。现在，许多企业用工作轮换法来培养新进入企业的年轻管理人员和企业储备管理人员。工作轮换法的优缺点如图 2—13 所示。

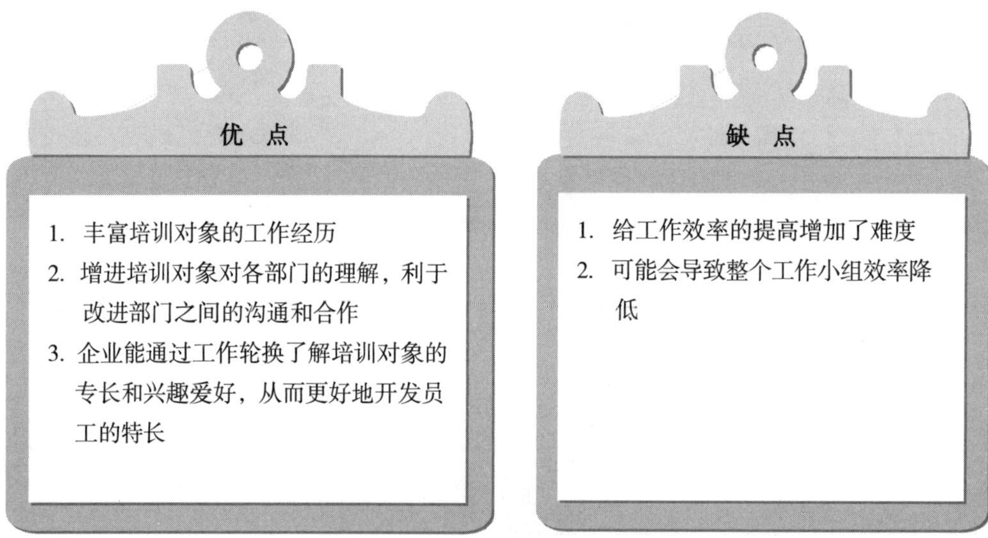

图 2—13 工作轮换法的优缺点分析

当然，还有许多种其他培训方法，如工作指导法、远程学习法等。企业培训的效果在很大程度上取决于培训方法的选择，不同的培训方法具有不同的特点。要选择合适有效的培训方法，需要考虑培训的目的、培训的内容、培训对象的自身特点及企业具备的培训资源等因素。

2.2.3　培训组织管理

1. 起草培训通知书

培训通知书能够使培训对象通过通知内容迅速获悉相关信息。以下是一则培训通知书范例。

××公司员工基础素质培训通知

编号：×××

××部门：

根据公司培训计划安排，拟定于××××年××月××日××点在×××××进行员工基础素质培训。为确保本次培训顺利进行，请通知贵部门有关受训学员准时参加，并将回执联于××月××日前送至培训助理张××处。

感谢您的配合！

人力资源部

××××年××月××日

附：1. 培训课程说明

2. 培训讲师

3. 培训对象应带学习用具和资料

2. 起草培训协议书

培训是企业的一种人力资本投资行为，需要耗费一定的人力、物力和财力，为了保证企业的利益，使培训为企业发展所用，同时也为了明确和保障企业与员工之间的权利和义务，双方有必要在进行培训之前签订培训协议，特别是在实施外派培训或企业出资较大的培训活动时更加必要。

3. 制定培训纪律

培训纪律是培训得以有效开展的重要保证，它一方面可以保证培训讲师的授课效率，提高培训对象的学习效率；另一方面也是企业员工素质的整体体现。因此，为了营造良好的互动气氛，需要制定培训纪律来对培训对象的行为进行约束，范例如下所示。

××公司培训纪律及考勤规定

第1条　为严肃培训纪律，做好培训对象的学习考勤工作，加强培训管理，维护培训教学秩序，特制定本规定。

第2条　培训场所内禁止一切不文明的言谈举止，培训对象须文明着装，培训期间不得大声说笑，保持培训课堂纪律。

第3条　培训过程中应关闭通信工具，如确因工作需要不便关闭通信工具的人员，应将通信工具调至振动状态，并到培训课堂外接听电话，以避免影响培训秩序。

第4条　培训学员在培训期间应认真听讲，做好笔记，不得交头接耳、干扰培训秩序。

第5条　保持培训场所环境卫生，严禁随地吐痰、乱扔纸屑及其他杂物等。

第6条　培训对象应遵守培训课堂纪律，按课程安排时间提前10分钟进入培训教室，不迟到，不早退，不在课堂上自由出入。中途离开会场，须向培训讲师或培训组织者说明情况。

第7条　员工培训期间原则上不允许请假，确因病因事不能参加培训者，须履行请假手续，向本部门经理递交请假申请，经审批通过方能请假。

4. 分配培训工作

由于培训事务涉及内容繁多，培训主管领导不能事必躬亲，必须适当地把工作分配下去。这样既可以确保各项事宜均有专人负责，提高事情处理效率和质量，又能使其他人员得到锻炼。在培训工作的分配中应注意的事项如图2—14所示。

1. 确保工作被完全分配，无遗漏
2. 确保工作任务分配合理，无不均
3. 确保有具体进度和指标，无拖延
4. 确保对意外情况做出准备，无慌乱
5. 确保有主管领导的监督和指导，不盲目

图2—14　分配培训工作的注意事项

2.3　培训管理制度

2.3.1　员工培训管理制度

<table>
<tr><td rowspan="2">制度名称</td><td rowspan="2">××公司员工培训管理制度</td><td>编号</td><td></td></tr>
<tr><td>执行部门</td><td></td></tr>
<tr><td colspan="4">
第 1 条　目的
培训工作总目标：传递企业文化和公司价值观、全面提升员工整体素质和岗位工作技能、提高管理团队整体管理素质与效率，具体表现在以下五个方面。
1. 提高员工的工作热情和协作精神，创造良好的工作环境和工作氛围。
2. 减少员工工作中的消耗和浪费，提高工作质量和效率。
3. 提高、完善并充实员工各项技能，以发挥其潜能，使其能更胜任现在或将来的工作，为工作轮换、人员晋升创造条件。
4. 增加员工对公司的信任感和归属感。
5. 建立公司人员的培养、选拔机制。
第 2 条　培训对象
公司全体员工。
第 3 条　职责
1. 人力资源部
（1）负责审核各部门的培训需求。
（2）负责年度员工培训计划的汇总及确认。
（3）负责组织新进员工培训、员工在职培训。
（4）负责员工培训效果分析、登记、归档和跟踪、考核。
2. 各部门经理
负责填报年度培训需求计划或临时性培训需求计划并督导执行。
3. 总经理
负责批准年度培训计划或临时性培训计划。
第 4 条　培训需求的提出
培训需求的提出，主要有如图 1 所示的三种方式。
</td></tr>
</table>

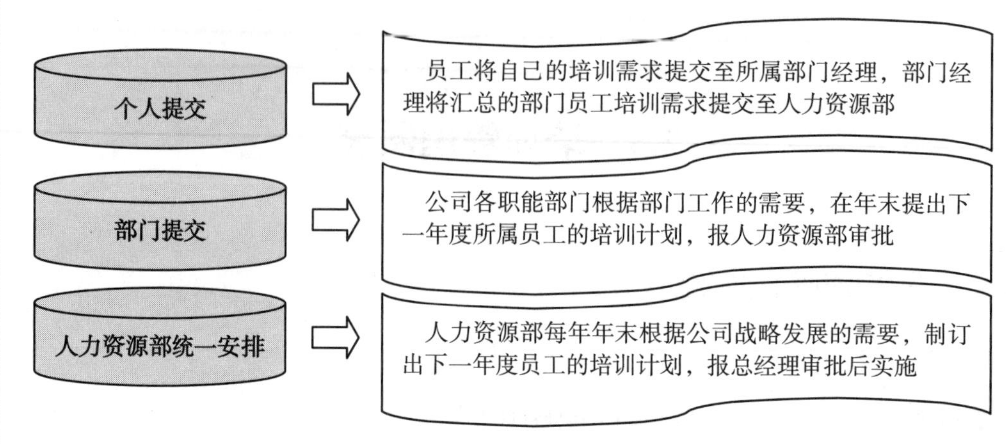

图 1　培训需求提出的三种方式

第 5 条　培训的内容

1. 公共课程培训

主要涉及企业制度、企业文化、企业发展情况等内容的培训，由人力资源部统一组织实施。

2. 专项业务培训

主要是对各岗位所需的专业技能进行的培训，如采购、生产、质量、财务、销售等各职能部门专业知识及实践操作等。

3. 素质提高与能力提升培训

主要包括公司业务普及培训、管理技能培训、各种晋升培训等。

第 6 条　培训形式

1. 脱产培训与在职培训相结合。
2. 课堂讲授与实际操作相结合。
3. 公司内部培训与外派培训相结合。

第 7 条　培训时间

公司提倡员工充分利用业余时间参加培训学习，提高自身技能和素质。如果相应的各类培训确需占用工作时间的，则按以下情况掌握：

1. 经公司同意或安排的各类培训，时间根据实际需要掌握。
2. 员工自行参加的各类与工作有关的培训，应安排在业余时间，如考试需占用工作时间的，经本人申请、部门同意、人力资源部审核后，给予相应的假期。

第 8 条　培训资料的编制

1. 各部门经理根据岗位设置及培训计划，向人力资源部书面提交各岗位技能要求、工作要点、注意事项以及草拟的培训教材。
2. 人力资源部根据实际情况召集相关部门进行研讨、补充和修订，负责培训教材的汇集、整理、编制、存档和笔试试卷的编写。

第 9 条　培训讲师的确定

公司人力资源部根据培训内容合理安排主讲人员，确定培训讲师。培训讲师可以来自企业内部，也可以是企业外聘的专家。

第 10 条　培训费用

1. 凡由公司组织安排的各类内部培训和出国培训，费用由公司统一支付。其实施细节参见公司其他相关规定。

2. 凡由公司组织安排的各类业务技能培训，学历（学位）培训，专业技术职务资格、职业资格培训等，费用由公司先行支付，如果员工未获得毕（结）业证书，或考试不及格，或中途退出，其培训费用应由员工负担，从员工工资中扣除。

3. 员工自行参加的各类培训，费用由员工自理。

第 11 条　培训纪律

1. 员工应按时参加公司组织的培训并在培训签到表上签到，如未签到视同旷课。

2. 受训人员不得无故缺席、迟到、早退，应严格遵守培训的作息时间；受训人员因故不能参加培训，必须在开课前 × 天，向所在部门主管请假予以说明。

3. 遵守课堂纪律，上课期间，认真听讲，作好笔记，严禁大声喧哗、交头接耳。

4. 上课时各类通信工具一律置于无声状态或关闭。接听电话或拨打电话应到教室外，以免影响他人听讲。

5. 尊重讲师和工作人员，团结学员，相互交流，共同提高。

6. 认真填写并上交各种调查表格。

7. 参加外部培训的员工同时也应遵守培训实施单位的相关规定。

8. 员工参加培训时有违反上述行为之一的，依具体情节和后果的严重性，进行停职、降薪、调岗、记过、除名等相应的处罚。

第 12 条　培训评估

培训结束后，人力资源部应组织人员对培训效果进行评估，采取的方式可以是问卷调查、考试、实地操作等，评估主要从员工工作主动性、工作满意度、工作质量、消耗成本和时间等方面进行考核。

第 13 条　员工培训档案的管理

培训档案统一归人力资源部管理，主要包括以下两项内容：

1. 建立公司培训档案，内容包括培训范围、培训方式、培训讲师、培训联系单位、培训人数、培训时间、学习情况等。

2. 建立员工培训档案，将员工接受培训的具体情况和培训结果详细记录备案。内容包括培训时间、培训地点、培训内容、培训目的、培训效果自我评价、员工培训评估成绩等，作为员工岗位轮换、晋升、降职等的依据。

第 14 条　附则

本制度由公司人力资源部制定并负责解释。

编制人员		审核人员		批准人员	
编制日期		审核日期		批准日期	

2.3.2 员工岗前培训制度

<table>
<tr><td rowspan="2">制度名称</td><td rowspan="2">××公司岗前培训制度</td><td>编号</td><td></td></tr>
<tr><td>执行部门</td><td></td></tr>
</table>

第 1 章 总则

第 1 条 目的

岗前培训的目的是使新进人员了解公司的概况，向他们介绍公司的规章制度，以便其能更快胜任未来工作。

第 2 条 适用范围

本制度适用于所有新进人员的岗前培训。

第 2 章 岗前培训

第 3 条 岗前培训阶段

1. 公司总部的培训。
2. 分支机构或所在部门的培训。
3. 实地训练。

第 4 条 岗前培训内容

岗前培训的内容主要包括公司概况、公司经营业务、人事规章制度、工作岗位情况及业务知识培训五部分内容，前四个部分包含的具体内容见表 1。

第 5 条 业务知识培训主要是根据实际工作的需要而进行的培训。不同岗位的人员，其培训内容是不同的。表 2 给出了三类不同员工的业务知识培训内容。

表 1 岗前培训内容

培训内容	培训内容简介
公司概况	1. 公司的发展历史 2. 企业文化 3. 公司现状 4. 公司的组织结构及部门职责
公司经营业务	1. 公司主营产品 2. 产品的性能、价格及销售情况，产品竞争力分析
人事规章制度	1. 员工考勤制度 2. 薪酬福利制度 3. 日常工作行为规范等
工作岗位情况	1. 岗位特征 2. 主要工作职责与内容 3. 与其他部门配合事项 4. 工作标准

表 2　不同员工业务知识培训内容

人员类别	业务知识培训内容
一般管理人员	现代管理理论和技巧的培训，如组织协调能力、决策能力、如何对下属进行有效授权与激励等
专业技术人员	专业技术知识的学习与实际操作技能的提高
营销人员	提高营销人员的整体素质和销售技能，如销售技巧、自我管理能力、沟通技巧等

第 6 条　培训档案管理

人力资源部应将岗前培训的参训人员情况、受训成绩，登记在员工培训记录表中，为其以后的相关人事决策提供依据。

第 3 章　附则

第 7 条　本制度的拟定和修改由人力资源部负责，报总经理审批通过后执行。

第 8 条　本制度的最终解释权归公司人力资源部。

编制人员		审核人员		批准人员	
编制日期		审核日期		批准日期	

2.3.3　销售人员培训制度

制度名称	××公司销售人员培训制度	编号	
		执行部门	

第 1 章　总则

第 1 条　目的

为提高本公司销售人员的综合能力和销售业绩，特制定本制度。

第 2 条　适用范围

凡本公司所属的销售人员培训及相关事项均按本制度办理。

第 2 章　销售人员培训管理规定

第 3 条　培训工作程序

1. 明确公司经营方针与经营目标。
2. 了解销售人员现状及需要解决的问题。
3. 分析以上问题并将问题分类。
4. 分析关键要素。
5. 制订销售人员培训计划。
6. 设计销售人员培训课程。
7. 确定销售人员培训方式。

8. 按计划实施销售人员培训。

9. 评估销售人员培训效果。

第 4 条　销售人员培训计划内容包括培训目标、培训时间、培训地点、培训方式、培训师资、培训内容等。

第 5 条　培训计划的制订应考虑到新入职销售人员培训、销售人员能力提升培训、销售主管培训等不同人员培训的差异。

第 6 条　明确培训目标

1. 挖掘销售人员的潜能。

2. 加强销售人员对公司的信任和归属感。

3. 训练销售人员工作的方法。

4. 改善销售人员工作的态度。

5. 终极目标——提高公司的利润水平。

第 7 条　选择培训时间

培训时间需要根据实际情况来确定，主要考虑表 1 所列五个方面的因素。

表 1　　影响销售人员培训时间的五大因素

影响因素	影响效果
产品属性	产品属性越复杂，培训时间越长
市场状况	市场竞争越激烈、越复杂，培训时间越长，并注意避免培训时间与销售旺季发生冲突
销售人员素质	销售人员素质越高，所需的培训时间越短
所需的销售技巧	若要求的销售技巧越复杂，所需的培训时间就越长
组织管理要求	管理要求越严，培训时间越长

第 8 条　确定培训内容

培训内容因工作需要及销售人员素质而异。总的来说，培训内容包括表 2 所示七个方面。

表 2　　销售人员培训内容

培训项目	具体内容
公司概况	包括公司的发展历史、经营目标、组织结构、财务状况、主要设施及主要管理人员等
产品知识	包括主要产品和销量、产品生产过程、产品生产技术、产品的功能用途、公司专为每种产品制定的销售要点及销售说明等
目标顾客	包括目标顾客的类型、购买动机、购买习惯和行为等
竞争对手	包括竞争对手的产品、市场策略、销售政策等

续表

培训项目	具体内容
销售知识和技巧	包括市场营销基础知识、销售活动分析、公关知识、广告与促销、产品定价、现场销售的程序和责任、谈判策略与技巧、与客户沟通的技巧等
相关法律知识	包括合同法、产品质量法、客户赊销与信用风险管理等
财务知识	包括合理支配销售费用、票据结算知识等

第9条　选择培训地点

按培训地点不同，可分为集中培训和分开培训。

1. 集中培训

一般由总公司统一举办，参训人员为全体销售人员。适用于一般知识和工作态度方面的培训，可以保证培训的质量和水平。

2. 分开培训

由各分公司分别培训所属销售人员。适用于特殊目标的培训，可结合销售实践来进行。

第10条　选择培训方式

1. 在职培训。

2. 销售会议培训。

3. 定期设班培训或函授。

第11条　选择培训讲师

培训讲师应由具备专长和富有销售经验的专家、学者或经验丰富的高级销售人员、销售经理担任。培训讲师应具备以下五个条件。

1. 透彻了解所讲授的课程。

2. 对担任讲师有浓厚的兴趣。

3. 灵活运用培训方法。

4. 能够补充和修正所用的教材。

5. 具备乐于训练和教导他人的精神。

第12条　选择培训方法

常用的培训方法有课堂教学法、会议培训法、模拟培训法和实地培训法。

1. 课堂教学法

一种比较正规、应用比较广泛的培训方法，由销售专家或有丰富销售经验的销售人员采用讲授的形式将知识传授给受训人员。

2. 会议培训法

组织销售人员就某一专门议题进行讨论，会议由培训讲师或销售专家组织。销售人员有机会表达自己的意见、交流想法和经验。

3. 模拟培训法

由受训人员亲自参与并具有一定实战意义的培训方法，其具体做法又可分为实例研究法、角色扮演法和销售情景模拟法。

4. 实地培训法

适用于新入职人员的销售培训，由有经验的销售人员指导一段时间后，让新人独立工作，从而使后者能够较快地熟悉业务，达到很好的效果。

第3章　销售骨干培训管理规定

第13条　参加此类培训的销售人员是指参加工作两年以上，一线销售业绩突出，有一些下属并有组织管理经验的非管理人员。

第14条　销售骨干培训计划（具体见表3）。

表3　　销售骨干培训计划表

<table>
<tr><th colspan="2">第一天</th><th>第二天</th><th>第三天</th></tr>
<tr><td rowspan="2">上午</td><td>10：00集合（10～15人）</td><td>8：30各组提交探讨结果，交流意见</td><td rowspan="2">8：30如何提高管理水平</td></tr>
<tr><td>10：30销售经理致辞</td><td>10：30角色扮演训练</td></tr>
<tr><td rowspan="3">下午</td><td>13：00销售骨干讲解正确的工作态度</td><td rowspan="3">13：00继续学习优秀销售人员的现场训练方法（在职培训技巧）</td><td rowspan="2">13:00关于管理技巧的案例分析</td></tr>
<tr><td>15：00个人发表看法、小组讨论</td></tr>
<tr><td>17：00归纳总结</td><td>15:30分公司总经理致辞</td></tr>
<tr><td rowspan="2">晚上</td><td>18：00学习新入职销售人员的现场训练方法（在职培训技巧）</td><td>18：00如何进一步提高个人业绩</td><td rowspan="2">—</td></tr>
<tr><td>20：00探讨如何在工作中训练销售人员</td><td>20：30分享个人业绩提高技巧</td></tr>
</table>

第15条　销售骨干培训实施重点

1. 确定培训方式

采用三个白天两个晚上的集体住宿方式，参加人数10～15人为宜，销售经理1名。

2. 选择培训方法

采用授课、分组讨论、角色扮演等方法。

3. 拟订行动计划书

4. 培训评估准备

事先设计好用于培训评估的调查问卷，培训结束后需要写出受训报告。

第16条　培养制订销售计划的能力

销售计划的内容包括达到销售目标的重要性阐述、培养制定销售目标的能力、学习商业谈判策略技巧、制订达成目标的有效行动计划。

第17条　培训结束后，需要评价销售骨干培训实施的效果，填写培训效果评价表或培训效果调查问卷。

第18条　销售骨干培训实施时应注意的问题

1. 受训人员的态度

实施培训前要使受训人员明确意识到自己就是解决问题的执行者。

2. 受训人员的层次

参加此类培训的销售人员须了解企业的各种活动，在处理与其他部门的关系上，有较强的沟通、协调能力。

第 19 条　与销售骨干培训相关的其他事项可参照《销售人员培训管理规定》执行。

第 4 章　销售经理培训管理规定

第 20 条　本培训的目标是改进销售经理的工作态度，通过学习现场训练技巧培训高级销售人才。

第 21 条　销售经理培训计划由公司人力资源部拟订。该计划制订时需考虑如下两方面的内容：

1. 公司年度经营目标。

2. 销售经理的绩效表现。

第 22 条　实施销售经理培训要确保企业销售计划的贯彻落实，确保达到改进销售经理工作态度的目的。

第 23 条　销售经理培训的方法

1. 会议式授课法

会议式授课法是在会议上，探讨分析具有良好业绩的下属的能力特征，分析采用何种方法可以培养这种能力（详情见表 4）。

表 4　良好业绩下属的能力特征表

能力发展阶段	能力特征	记录能力的表现
第一阶段	基本动作、日常工作的执行程度	（销售经理记录下属的表现）
第二阶段	对顾客的协助及订货的执行程度	（销售经理记录下属的表现）
第三阶段	与顾客维持信赖关系，并做好销售咨询工作，此外还积极开展销售行动以达到销售目标的执行程度	（销售经理记录下属的表现）

2. 现场培训法

通过现场培训使销售经理掌握现场培训法的基本形式及举措（详情见表 5）。

表 5　现场培训法的基本形式及举措

形式	类型	具体举措
指导销售人员的工作	教师型	正确地指导下属的工作；观察下属的工作，并提出改善方法和技巧
用工作锻炼下属	工作负荷型	发掘下属的潜能；分配工作，充分授权；指定下属应完成的目标、应达到的标准；评价成果；让下属参与制订销售计划
整顿工作环境	环境关系型	开展有助于培养下属的工作，加强有关人员之间的沟通管理
关注人	对人关注型	使用体贴性话语；信赖下属，激励下属；对下属的努力给予适当的奖励

第 24 条　与销售经理培训相关的其他事项可参照《销售人员培训管理规定》执行。

第 5 章　附则

第 25 条　受训销售骨干和销售经理有责任承担培训销售人员的任务，将所学知识传授给销售人员，发扬团队精神，实现公司的销售目标和市场目标。

第 26 条　销售人员培训所支出的费用由培训项目负责人申请，报财务经理和总经理审核；在培训结束后向财务部提供各种财务凭证予以报销，多退少补。

第 27 条　本制度提交总经理审批后颁布实施。

第 28 条　本制度未尽事宜，可随时增补，并提交总经理审批后生效。

第 29 条　本制度由公司人力资源部监督执行，最终解释权归公司人力资源部。

编制人员		审核人员		批准人员	
编制日期		审核日期		批准日期	

2.3.4　生产人员培训制度

制度名称	××公司生产人员培训制度	编号	
		执行部门	

第 1 章　总则

第 1 条　为了提高本公司生产人员的职业素养与知识技能，确保公司产品的质量，规范公司的培训活动，特制定本制度。

第 2 条　本公司中凡涉及生产人员的培训及与之相关的事项，皆按本制度办理。

第 2 章　生产人员培训管理规定

第 3 条　明确培训内容

生产人员培训的内容分为以下六个方面。

1. 公司概况、生产概况、企业文化的培训等。
2. 生产相关知识的培训。
3. 生产相关标准、技能的培训。
4. 管理技能培训。
5. 工作态度培训。
6. 安全生产知识教育培训。

第 4 条　确定培训时间

确定生产人员的培训时间，一般考虑在以下时间安排培训，特殊情况除外。

1. 生产淡季。
2. 大批新进生产人员上岗。
3. 竞争加剧，产品质量下降。
4. 引进新的生产流水线或新技术。
5. 公司生产的产品及技术的标准发生变更。
6. 公司的现实状况与公司战略目标差距过大，需要进行生产调整。

第 5 条　生产人员培训的地点一般选择在公司培训，特殊情况需到公司外培训必须得到负责生产部门的副总经理的签字同意方可进行。

第 6 条　选择培训方法

对于生产人员的培训，将课堂讲授法、演示法、工作指导法、录像与多媒体教学法等多种培训方法相结合，以确保培训效果。

第 3 章　岗前培训规定

第 7 条　岗前培训的时间为新进生产人员到岗日期起一个月之内。

第 8 条　岗前培训内容

1. 对新进生产人员进行公司概况、企业文化、员工手册、绩效考核等方面的培训。

2. 对新进生产人员进行质量标准、工作说明、技术指导与规范等方面的培训。

3. 对新进生产人员还应开展包括厂级安全教育、车间级安全教育、班组级安全教育在内的三级安全教育培训，公司的三级安全教育培训的相关内容见表 1。

表 1　公司三级安全教育培训内容

三级安全教育	培训内容
厂（公司）级安全教育	1. 安全生产基本知识、安全生产法规教育，生产经营单位安全概况的介绍 2. 主要安全生产规章制度（如安全生产责任制、安全生产奖惩条例、厂区交通运输安全管理制度、防护用品管理制度以及防火制度等）的教育与培训 3. 劳动纪律、作业场所和工作岗位存在的危险因素、防范措施及事故应急措施、有关事故案例的介绍等
车间级安全教育	1. 车间的概况介绍，如车间生产的产品、工艺流程及其特点，车间人员结构、安全生产组织状况及活动情况，车间危险区域、有毒有害工种情况 2. 车间劳动保护方面的规章制度和对劳动保护用品的穿戴要求和注意事项，车间事故多发部位、原因、特殊规定和安全要求 3. 车间文明生产方面的具体做法和要求，并根据车间的特点介绍安全技术基础知识、车间防火知识，组织新从业人员学习安全生产文件和安全操作规程制度 4. 介绍车间常见事故和对典型事故案例的剖析
班组级安全教育	岗位操作规程、生产设备、安全装置、劳动防护用品的性能及正确使用方法、事故案例分析等

第 9 条　因特殊原因未能参加岗前培训的生产人员由人力资源部登记造册、统一安排，但新员工必须在入职 3 个月之内完成岗前培训。

第 4 章　公司内部培训讲师的管理

第 10 条　内部培训讲师队伍建设流程

1. 建立评审小组。

2. 制定评审规则。

3. 初步选拔培训讲师。

4. 对培训讲师进行培训。

5. 安排培训讲师试讲。

6. 给培训讲师定级。

7. 建立培训讲师的奖惩制度。

8. 定期对培训讲师进行评估。

第 11 条 公司的培训讲师分为初级培训讲师、中级培训讲师、高级培训讲师三类，其职级资格由评审小组确认后颁发公司内部培训讲师等级资格证。

第 12 条 公司将为每位培训讲师设立档案，记录培训讲师的背景资料、培训过的课程内容及次数等，以供培训讲师晋级、加薪等之用。

第 13 条 培训讲师的绩效考核参照本公司制定的《绩效考核手册》。

第 14 条 公司培训讲师的津贴具体见表 2。

表 2　　公司培训讲师授课津贴表

培训讲师级别 / 授课时间	初级培训讲师	中级培训讲师	高级培训讲师
工作时间授课	____元/课时	____元/课时	____元/课时
非工作时间授课	____元/课时	____元/课时	____元/课时

第 5 章 培训的考核

第 15 条 培训的绩效考核对象包括对培训组织部门、培训讲师、受训人员、受训人员的部门负责人的考核。

第 16 条 具体的绩效考核标准参照《绩效考核手册》中的有关标准执行。

第 17 条 考核结果应用

根据培训考核结果的差异，公司制定如下奖惩措施。

1. 奖励措施

（1）颁发奖金。

（2）职务晋升。

（3）进行表彰。

（4）提供外派培训机会。

（5）奖品。

2. 惩罚措施

（1）书面警告。

（2）扣发奖金。

（3）降职或降级。

（4）无薪停职参加培训。

第 6 章 培训的评估与跟踪

第 18 条 评估人员

对生产人员的培训评估由人力资源部全权负责，由负责生产部门的副总经理、部门经理代表组成审核小组负责审核。

第 19 条 评估对象与范围

对培训进行评估的对象包括对培训讲师、培训内容、培训组织三个方面的评估。培训的评估范围包括所有涉及培训的内容。

第 20 条 评估方法

选用测试法、观察法、问卷调查法与成本收益分析法四种对培训进行评估的方法。

第 21 条　培训工作完成以后，由培训的组织部门负责培训效果跟踪。

第 7 章　附则

第 22 条　此制度由公司人力资源部制定，其修改、解释权归人力资源部所有。

第 23 条　本制度自总经理签发之日起实施。

编制人员		审核人员		批准人员	
编制日期		审核日期		批准日期	

2.3.5　技术人员培训制度

<table>
<tr><td rowspan="2">制度名称</td><td rowspan="2">××公司技术人员培训制度</td><td>编号</td><td></td></tr>
<tr><td>执行部门</td><td></td></tr>
</table>

第 1 章　总则

第 1 条　目的

为提高公司技术人员的技术水平和综合素质，掌握前沿技术，提高技术创新水平，特制定本制度。

第 2 条　范围

公司内所有涉及技术人员的培训及相关事项均按本制度执行。

第 2 章　技术人员培训管理规定

第 3 条　制定培训目标

技术人员培训目标是提高技术人员的技术水平和综合素质，具体体现在以下四个方面。

1. 培养技术人员对公司的信任感和归属感。
2. 训练技术人员的工作方法。
3. 转变技术人员的工作态度。
4. 提高技术人员的技术水平，打造行业领先地位。

第 4 条　明确培训时间

技术人员培训时间的确定，主要考虑以下四个方面的因素（详情见表 1）。

表 1　**影响技术人员培训时间的因素**

影响因素	影响效果
所需技术复杂程度	要求技术越复杂，所需培训时间越长
所属行业技术水平	行业技术水平越高，本公司技术水平与之差距越大，所需培训时间越长
技术人员技术水平	技术人员技术水平及素质越高，所需培训时间越短
公司的管理要求	公司的管理要求越严格，所需培训时间越长

第 5 条　确定培训内容

技术人员培训内容主要包含以下四个方面（详情见表 2）。

表 2　　技术人员培训内容

培训项目	具体内容
公司技术概况	公司发展历史、组织结构、技术状况、技术管理、现有技术与行业水平的差距、新技术发展趋势等
技术知识	主要技术、技巧与操作方法、新技术研究与学习、新产品的研发技术、竞争性产品技术研究、产品生产技术等
相关法律知识	知识产权保护、专利使用、技术保密等相关法律知识
技术创新意识	创新技术的学习、开拓新技术领域的意识等

第 6 条　选择培训方法

1. 普通授课。

2. 工作指导。

3. 研讨会。

4. 录像及多媒体教学。

5. 认证培训。

第 7 条　选择培训地点

1. 内部培训地点

采用普通授课、研讨会、录像及多媒体教学，培训地点可以是公司内部会议室，也可以是离公司较近的培训场所；若采用工作指导法，培训地点则可以选择在技术人员的工作岗位上进行。

2. 外部培训地点

如采用认证培训的方式，培训地点选在专业培训机构的培训教室。

第 8 条　培训讲师的选择

1. 根据培训内容来选择

（1）专业技术或新技术培训，需由经验丰富的技术人员、技术总监、相应领域的技术专家来担任培训讲师。

（2）公共课和普通励志类培训，可由人力资源部经理、培训机构的专职培训讲师来担任。

2. 根据培训讲师素质来选择

（1）培训讲师需要由相关领域的技术专家或企业的技术总监来担任。

（2）培训讲师需熟悉所讲的技术内容，并具有丰富的教学经验。

第 9 条　培训费用管理

技术人员培训所支出的费用由培训项目负责人申请，报财务经理和总经理审核，在培训结束后向财务部提供各种财务凭证予以报销，多退少补。

第 3 章　附则

第 10 条　本制度提交总经理审核批准后颁布实施。

第 11 条　本制度的最终解释权归公司人力资源部所有。

编制人员		审核人员		批准人员	
编制日期		审核日期		批准日期	

第 3 章

新员工培训管理

新员工培训是一个企业所录用的员工从局外人转变为企业人的过程，是员工从一个团体融入另一个团体的过程。

新员工培训是要让新员工了解有关企业的基本背景情况，使员工了解企业历史、文化、战略发展目标、组织结构和管理方式，了解工作的流程与制度规范，帮助员工明确自己工作的职责、程序、标准，并使他们初步了解企业及其部门所期望的态度、规范、价值观和行为模式等，从而帮助员工更快地适应环境和新的工作岗位，更好地规划职业生涯，提高工作绩效。

3.1 新员工培训计划制订

3.1.1 明确培训目的

培训的目的与目标为培训计划提供了明确的方向与依据。有了明确的目的与目标，才能确定培训对象、培训内容、培训时间、培训讲师、培训方法等具体内容，并对培训效果进行评估。

新员工培训的目的主要有如图 3—1 所示的四个方面。

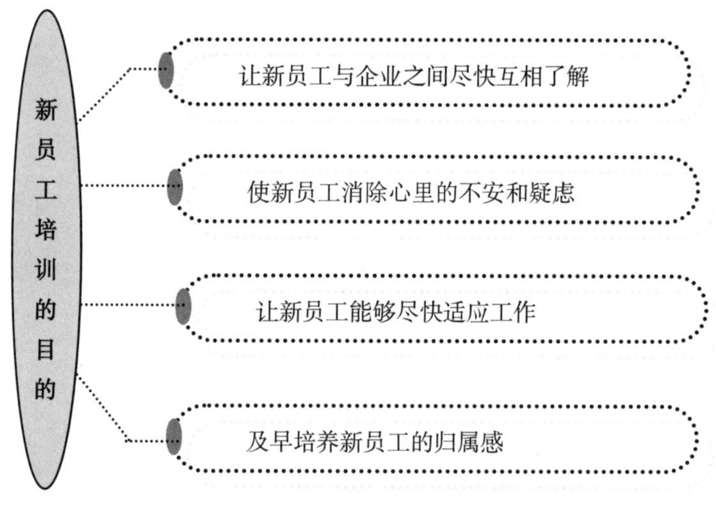

图 3-1 新员工培训的目的

3.1.2　确定培训内容

新员工培训的内容涉及公司概况、规章制度、业务培训、熟悉环境等方面（具体内容见表 3—1）。不同企业可根据本单位培训需要确定新员工培训内容。

表 3—1　　新员工培训内容

培训项目	具体内容
公司概况	1. 企业文化培训，包括让新员工了解企业历史、企业宗旨、企业精神、企业发展目标等 2. 企业的产品和服务 3. 企业的品牌地位和市场占有率 4. 企业大事记、组织结构等
规章制度	包括考勤制度、请假制度、奖惩制度、薪酬福利制度、财务报销制度、培训制度、考核制度、安全规程、员工行为规范等
业务培训	包括本企业产品或服务的基本知识、企业的基本生产经营特点，本部门的主要职责、基本工作流程、工作要求及操作要领等
熟悉环境	让新员工了解与其工作、生活密切相关的部门和场所

新员工培训内容通常分为公司入职培训和部门入职培训两个层次（阶段）。公司入职培训是公司通过集中培训，让员工对公司整体情况有一个初步的认识和了解。部门入职培训是各部门根据工作性质、内容、要求等对本部门新员工所开展的培训。

3.1.3　选择培训时间

新员工培训对员工入职后的工作态度、工作表现都具有重要影响，因此企业应选择恰当的培训时间和合理的培训期限对新员工开展培训。

1. 公司入职培训应选择在新员工入职初期完成，以确保新员工认同企业文化，端正工作态度，燃起工作热情。

2. 新员工分散到各部门后，各部门应组织相应的培训。但由于新员工岗位职责、技能要求以及部门培训计划等情况不同，培训时间的选择也有差异。新员工部门入职培训时间应视各部门培训需求状况进行选择。

3.1.4 挑选培训讲师

企业高层领导、人力资源部经理、部门主管、专业技术人员、专职讲师等都可以被邀请来作为新员工的培训讲师。

对于培训讲师的基本要求是：十分熟悉培训所涉及的内容，具有一定的培训经验，掌握一定的培训技巧。

3.1.5 选取培训方法

新员工培训的方法多种多样，如课堂讲授法、工作座谈法、多媒体教学法、工作指导法、角色扮演法、工作轮换法、户外拓展法等，详细介绍见表 3—2。企业可以根据自己的实际情况选择采用。

表 3—2 常用的新员工培训方法介绍

培训方法	方法介绍	适用范围
课堂讲授法	培训讲师通过课堂讲授方式对新员工进行培训	规章制度培训、企业文化培训、岗位职责培训等
工作座谈法	公司内部领导、老员工、专家能手等以与新员工座谈的方式进行培训	职业基本素质培训
多媒体教学法	利用现代化多媒体设备，如投影仪、电视录像等进行辅助教学	操作标准培训、质量管理培训、安全教育培训等
工作指导法	由专业技术人员对新员工进行一对一指导	专业知识和技能培训、操作方法与技巧培训等
角色扮演法	新员工在专业培训讲师的指导下，在模拟的环境中扮演在新工作岗位上需要担任的角色	操作流程培训、工作方法和技巧培训等
工作轮换法	新员工在不同部门、岗位轮流进行学习和锻炼	为了使员工在部门内尽早了解工作全貌，同时也为了进一步进行适应性考察的培训
户外拓展法	通过开展户外活动，在活动中锻炼和培养新员工	团队与沟通的培训

3.1.6　编制培训预算

培训预算是培训计划中很重要的一项内容，合理的培训预算能够控制培训成本，有效地分配公司的培训资源。表 3—3 提供了一份某公司新员工培训预算表。

表 3—3　　××公司新员工培训预算表

费用项目	培训计划项目	培训预算（元）
培训教材费	公司入职培训	
	部门入职培训	
人工成本费	公司入职培训	
	部门入职培训	
培训场地费	公司入职培训	
	部门入职培训	
培训设备费	公司入职培训	
	部门入职培训	
其他费用	公司入职培训	
	部门入职培训	
合计		

3.2　新员工培训计划实施

3.2.1　制订培训计划表

培训计划为企业的培训活动制订了大体的行动方案，即谁参加培训、培训内容是什么、培训地点及时间如何安排等内容。表 3—4 是某企业制订的一份新员工培训计划表。

表 3—4　　　　　　　　　　　　　新员工培训计划表

<table>
<tr><td rowspan="3">培训对象</td><td>姓名</td><td colspan="2"></td><td colspan="2" rowspan="3">培训
负责人</td><td>姓名</td><td></td></tr>
<tr><td>学历</td><td colspan="2"></td><td>部门</td><td></td></tr>
<tr><td>专长</td><td colspan="2"></td><td>职称</td><td></td></tr>
<tr><td>培训项目</td><td>培训内容</td><td>培训方法</td><td>培训部门</td><td colspan="2">培训时间</td><td>培训地点</td><td>培训讲师</td></tr>
<tr><td rowspan="3">公司概况</td><td>企业文化</td><td rowspan="3">课堂讲授</td><td rowspan="3">人力
资源部</td><td colspan="2">×日×时</td><td rowspan="3">企业
培训室</td><td>内部
讲师</td></tr>
<tr><td>企业产品
基本知识</td><td colspan="2">×日×时</td><td>内部
讲师</td></tr>
<tr><td>各部门工作</td><td colspan="2">×日×时</td><td>内部
讲师</td></tr>
<tr><td rowspan="2">规章制度</td><td>企业员工手册</td><td rowspan="2">课堂讲授</td><td rowspan="2">人力
资源部</td><td colspan="2">×日×时</td><td rowspan="2">企业
培训室</td><td>内部
讲师</td></tr>
<tr><td>各项规章
制度培训</td><td colspan="2">×日×时</td><td>内部
讲师</td></tr>
<tr><td>职业规划</td><td>新员工职业
生涯规划指导</td><td>多媒体
教学</td><td>人力
资源部</td><td colspan="2">×日×时</td><td>企业
培训室</td><td>内部
讲师</td></tr>
<tr><td>商务礼仪</td><td>商务礼仪</td><td>多媒体
教学</td><td>人力
资源部</td><td colspan="2">×日×时</td><td>企业
培训室</td><td>内部
讲师</td></tr>
<tr><td>……</td><td>……</td><td>……</td><td>……</td><td colspan="2">……</td><td>……</td><td>……</td></tr>
<tr><td colspan="8">制表人：　　　　　　审核人：　　　　　　批准人：</td></tr>
</table>

3.2.2　设计培训课程

由于企业的培训资源有限，所以培训课程的设计必须要有针对性，企业需根据新员工培训的目的以及内容来进行课程的设计与安排。某公司对新员工入职培训课程安排表见表 3—5。

表 3—5　　　　　　　　　　新员工入职培训课程安排表

<table>
<tr><td>培训课程</td><td>培训课时</td><td>培训时间</td><td>培训地点</td><td>培训讲师</td></tr>
<tr><td>对新员工致欢迎辞</td><td rowspan="3">4 小时</td><td rowspan="3">×日—×日×时</td><td rowspan="3">公司会议室</td><td rowspan="3">公司领导</td></tr>
<tr><td>公司历史、文化、经营目标</td></tr>
<tr><td>公司组织结构和主要业务</td></tr>
</table>

续表

培训课程	培训课时	培训时间	培训地点	培训讲师
公司政策与福利、公司相关程序	4 小时	×日—×日×时	公司会议室	公司领导
发放公司资料并回答新员工提问				
公司主要领导介绍	1 小时	×日—×日×时	公司会议室	人力资源部经理
介绍员工所在部门同事				
公司人力资源管理制度	4 小时	×日—×日×时	人力资源部	培训主管
公司财务管理制度				
公司行政办公管理制度				
部门经理向新员工致欢迎辞	2 小时	×日—×日×时	本部门	部门经理
部门组织结构与功能介绍				
部门内部规章管理制度	4 小时	×日—×日×时	本部门	部门主管
新员工工作描述与职责要求	1 小时	×日—×日×时	本部门	指导老师
新员工工作技能与技巧培训	40 小时	×日—×日×时	本部门	指导老师
新技术和方法培训	6 小时	×日—×日×时	本部门	外聘讲师
制表人：	审核人：		批准人：	

3.2.3　培训实施准备

1. 培训资料准备

充足的培训资料是培训活动得以顺利实施的保证。在新员工培训中，通常需要准备的培训资料如图 3—2 所示。

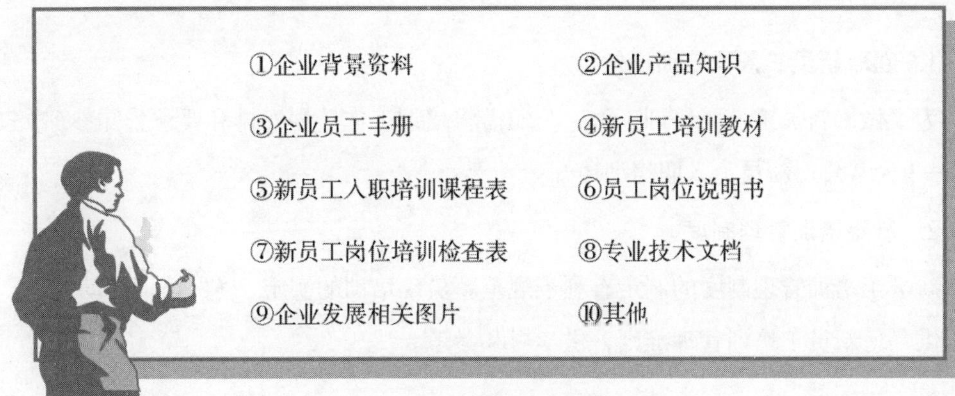

图 3—2　需要准备的新员工培训资料

2. 培训场地准备

新员工培训场地的选择应确保培训在实施过程中不被中断或干扰，根据培训方式的不同，培训地点的选择也会有所不同。

（1）拓展性训练多在室外或者专门的拓展训练基地进行。

（2）理论性或知识性培训多选在培训室内，室内的空间、温度、光线等条件应适宜。

3. 培训人员准备

培训人员准备主要包括培训讲师准备和培训组织者准备两部分，具体要求及内容见表 3—6。

表 3—6　　培训人员准备要求及内容

人员类型	基本要求	准备内容
培训讲师	熟悉培训所涉及内容和方法，具有培训经验并掌握培训技巧	授课教案和方法准备
培训组织者	熟悉培训整体流程，办事细致周全，思维敏捷，能够独立处理突发事件	培训所需资料、新员工培训前调查问卷、培训日程安排表、员工签到表等

4. 培训设备准备

在新员工培训中，由于培训内容和方法的不同，将会选取不同的培训设备和工具，如投影仪、幻灯机、黑板、白板、麦克风等设备。培训前应根据培训计划安排，确保这些培训设备具体落实到位、运行状态良好。

3.2.4　培训组织管理

1. 起草新员工入职培训通知

为了做好新员工入职培训工作，公司需将培训工作计划安排和要求告知参训员工。图 3—3 为某公司新员工入职培训通知。

2. 制定培训管理制度

新员工培训管理制度的制定有利于规范新员工培训的实施，确保培训活动效果。下面提供一份新员工培训管理准则，供学习和参考。

通　　知

公司各部门：

根据《公司培训管理制度》规定，为了使新员工更好地了解公司企业文化、规章制度，以便于开展工作，公司定于××月××日—××日举行新员工入职培训大会。

培训主要内容：1. 公司基本情况

2. 技能培训

3. 公司相关制度

4. 职业生涯规划与指导

参会地点：××××××

参会人员：××年××月××日以来所有新入职员工

参会要求：各部门需积极配合，安排新员工按时参加培训，参加培训的新员工无特殊情况不得请假。

附件：1. 新员工入职培训安排（略）

2. 参加培训人员名单（略）

××××公司人力资源部

图 3—3　新员工入职培训通知

<table>
<tr><td rowspan="2">制度名称</td><td rowspan="2">新员工培训管理准则</td><td>编号</td><td></td></tr>
<tr><td>执行部门</td><td></td></tr>
</table>

第 1 章　总则

第 1 条　目的

为使新员工更好地了解公司概况、发展历程、组织目标、机构设置、部门职责、规章制度等，提升新员工对公司的认同感和归属感，从而使他们更快地胜任新工作，特制定本制度。

第 2 条　适用范围

新员工培训除培训实施办法另有规定外，均依照本准则执行。

第 2 章　新员工培训计划管理

第 3 条　凡新进入公司的员工必须接受 5～7 天公司入职培训，培训内容主要包括以下五个方面：

1. 公司的发展历史、经营现状、经营项目、生产经营目的、使命、行业地位等。
2. 公司组织机构、各部门的工作职责和业务范围等。
3. 产品的性能、包装及价格，产品销售情况，市场同类产品信息及生产厂家的情况。
4. 公司规章制度，包括人事制度、安全教育制度、总务制度等。
5. 公司纪律、道德规范、礼仪规范要求，包括保守商业秘密、劳动纪律、员工仪表等内容。

第 4 条　新员工进入工作部门后需接受部门入职培训，培训内容主要包括以下四个方面：

1. 部门概况介绍，包括部门人员引荐、部门承担的工作、部门发展现状及规划等。
2. 工作岗位介绍，包括工作岗位职责及工作具体内容、新岗位每天例行工作和非例行工作等。
3. 规章制度介绍，包括部门的工作安排、分工、提案建议、劳动纪律等。

4. 新员工态度培训，包括积极的工作态度、对公司和部门的信心、真诚的服务意识和信念等。

第5条　新员工进入工作岗位后，还将通过实地练习的方式进行培训，培训内容主要包含以下两方面：

1. 知识培训，即对本工作岗位的理论知识进行培训。

2. 技能培训，即对新工作中可能用到的方法、工作技能、技巧的培训。

第6条　实地培训时，指导人员应尽量在一旁进行指导和示范，让新员工动手练习，待新员工完成之后再告知其应当改进的地方，从而加深新员工工作印象，加快其进步的速度。

第7条　对于上述培训，公司可视培训需要和具体情况，酌情灵活安排和运用。

第8条　新员工除特殊情况，并经总经理审核批准请假或免训外，一律不准规避或不参加培训，否则将按公司相关规定进行惩处。

第3章　新员工培训实施管理

第9条　新员工培训时间

1. 新员工培训的整个过程一般要持续3个月，根据实际情况可适当延长或缩短。

2. 公司入职培训时间安排为××年××月××日—××年××月××日；部门入职培训时间安排为××年××月××日—××年××月××日；实地培训的时间参见《员工手册》中的具体规定。

第10条　新员工培训方法

1. 公司情况介绍可采取实地参观、多媒体教学等方式进行。

2. 新员工专业知识培训课采取集中授课、普通讲座的方式进行。

3. 专业技术培训可采取实际操作和练习的方式进行。

第11条　新员工培训教材

新员工培训以自编教材为主，以适当购买的教材为辅。为提高培训质量，凡因培训内容涉及而需要相关部门提供培训资料的，由各部门编制教材并提供给人力资源部，由人力资源部统一以书面资料或幻灯片形式编制成新员工培训教材。

第12条　培训讲师

新员工培训的讲师由公司内部人员承担，企业高层领导、人力资源部经理、部门主管、专业技术人员、专职讲师等都可以被邀请作为新员工培训的讲师。培训讲师的具体选择依据培训内容的不同而定。

第4章　新员工培训评估

第13条　每开展一项培训项目，应适时地对新员工的培训效果进行评估，由培训讲师和培训指导人员负责。

第14条　新员工培训评估主要通过测试和现场操作等方式进行。具体安排如下所示。

1. 培训讲师在培训结束一周内，对新员工进行考核，并评定出测试成绩，作为新员工试用期考核和转正的参考。

2. 培训指导人员根据新员工培训期间的表现，填写新员工培训评估表，作为培训评估的参考依据。

第15条　新员工因故未能参加培训考试的，事后应进行补考，没有考试成绩者将不予转正。

第16条　培训评估结果将形成书面报告，呈报用人部门主管、人力资源部经理及相关领导，作为新员工转正录用的参考。

第5章　其他规定

第17条　人力资源部应为新员工建立培训档案，记录参训人员的具体情况和培训效果。

第18条　新员工入职培训不仅应是人力资源部、用人部门的事情，企业的全体员工都有责任参加新员工入职培训工作。

<table>
<tr><td colspan="6">

第6章 附则

第19条 本制度由公司人力资源部监督执行，最终解释权归人力资源部。

第20条 本制度未尽事宜可以随时进行修改和增补。

</td></tr>
<tr><td>编制人员</td><td></td><td>审核人员</td><td></td><td>批准人员</td><td></td></tr>
<tr><td>编制日期</td><td></td><td>审核日期</td><td></td><td>批准日期</td><td></td></tr>
</table>

3. 培训后勤保障

培训工作的后勤保障工作主要包括培训相关人员的食宿、安全、环境卫生等方面的管理工作。

新员工培训工作不是公司人力资源部一个部门的事情。对于新员工培训的责任部门和人员，一定要明确人力资源部、高层管理者、岗位所在部门负责人、相关部门负责人的职责，明确不同培训内容的责任主体，确保各部门和岗位负担起其应尽的职责。

3.3 新员工培训评估

3.3.1 明确培训评估内容

新员工培训评估主要包括培训效果评估、培训组织评估、培训讲师评估等，具体内容见表3—7。

表3—7 新员工培训评估内容

评估项目	评估内容
培训效果评估	新员工对于培训内容的理解、掌握及应用程度
培训组织评估	培训时间安排是否合理、培训场地是否适宜、培训期间食宿安排是否到位等
培训讲师评估	在培训过程中培训讲师的培训主题是否清晰、培训内容是否符合逻辑、培训方法使用是否恰当等

3.3.2 选择培训评估方法

新员工培训内容不同，评估方法也会有所不同。在培训评估中，组织者可视具体情况进行选择。下面介绍四种新员工培训评估中常用的方法。

1. 测试法

测试法就是由培训讲师或培训组织人员编制试题，在培训结束的时候或结束后一定时间对新员工掌握培训知识（如企业规章制度、产品知识、行业知识等）程度进行评估测试的一种方法。实施的关键在于设计一份合理的、能反映学员实际学习效果的试卷。图 3—4 是某公司设计的新员工培训测试题范本。

一、填空题（每题 5 分，共 25 分）

1. 公司成立于______年，______是公司创始人，担任法定代表人和总经理职务。
2. 公司的经营理念是____________________________________。
3. 公司包括______、______、______、______4 类_______种产品。
4. 公司上班时间为上午________________，下午________________。
5. 员工工资计算以_________为计算期，月平均工作日为__________天。

二、选择题（每题 5 分，共 15 分）

1. 员工因事假请假 2 天以上（含 2 天）、5 天以下，需提前 3 天向（　）提出申请。

A. 部门主管　　B. 部门经理　　C. 人事经理　　D. 总经理

2. 公司规定，超过（　）的病假需县级以上医院证明。

A. 1 天　　B. 2 天　　C. 3 天　　D. 4 天

3. 员工离职前，需提前（　）告知公司，并提交离职申请。

A. 半个月　　B. 1 个月　　C. 2 个半月　　D. 2 个月

三、判断题（每题 6 分，共 60 分）

1. 公司实行薪资保密制度，各级人员薪资除了主办核薪、发薪人员及各级直属主管外，一律保密，严禁私下探询、吐露、议论公司员工薪资的行为。（　）
2. 如果当月迟到、早退次数累计达到 3 次，则每次罚款 20 元；当月员工迟到、早退累计 4 ~ 6 次，按事假一天计；当月员工迟到、早退累计 7 ~ 9 次，按事假两天计；以此类推。（　）
3. 员工请事假期间没有工资及午餐补助，公司按照实际请假天数扣发工资及餐补。（　）
4. 生产过程中，如发现设备有异常或电源开关、电路元件等有异味，员工可自行处理。（　）
5. 员工出差车票或机票统一由公司人事行政主管预订，出差人员尽量提前告知经办人详细情况，飞机或火车票送达时由出差者本人签收；此项费用包含在所借差旅费之内，返回公司时一并报销。（　）
6. 公司大型办公设备的采购，应在计划开始时就关注市场，进行详细比较，选择 3 家以上供应商进行报价选择，并最后确定供应商。（　）
7. 在办公室内吸烟的员工，一经发现罚款 50 元/次，主管及以上人员罚款 100 元/次。（　）
8. 正常上班期间，不得上 QQ 等进行聊天，一经发现罚款 50 元/次。（　）
9. 在特定岗位，员工严格按公司规定正确使用各种劳保用品，做好安全防护措施。（　）
10. 员工因想学习工作技能，在未经许可的情况下可以动用与己无关的机器设备。（　）

图 3—4　新员工培训测试题范本

2. 现场操作考试

新员工在经过专门培训后，需进行现场操作考试，以测试新员工在培训后对专业技能的掌握程度。表 3—8 是某生产制造企业测试新员工现场操作考试的成绩记录表。

表 3—8　　新员工现场操作考试记录表

考核内容	优秀	良好	一般	较差
生产产品的质量				
工作安全保证				
工作环境维护				
操作的认真程度				
……				
说明：优秀、良好、一般、较差等级别的评定标准同正式员工一致。				

3. 问卷调查法

问卷调查法是借助预先设计好的问卷，在培训课程结束时向调查对象了解各方面信息的方法。表 3—9、表 3—10 分别是用于新员工自我评估以及培训讲师对新员工培训情况进行评估的问卷调查表。

表 3—9　　新员工自我评估表

姓名		部门		职位	
岗位类别		入职时间		直接上司	
对培训内容掌握程度					
培训项目	培训内容	优	良	一般	差
公司入职培训	公司发展历史				
	公司理念、愿景、价值观等				
	公司组织框架和机构设置				
	员工考勤、作息、用餐安排				
	员工应遵守的行为规范				
	员工礼仪常识				

续表

培训项目	培训内容	优	良	一般	差
公司入职培训	员工绩效管理				
	员工奖惩条例				
	员工异动程序				
部门入职培训	对本部门及相关部门的认知				
	对部门经理、上司、同事的认识				
	对部门规章制度的了解				
	对新工作岗位的认知				
	对专业知识和技能的掌握程度				
培训过程中的表现					
评估项目		优	良	一般	差
参与培训的态度					
培训中对纪律的遵守					
培训中仪容仪表展现					
培训后工作效率的提高程度					
员工签名			日期：　年　月　日		

表 3—10　　培训讲师对新员工的培训评估表

培训对象		培训课程		培训时间	
新员工对培训内容的整体把握	□非常满意	□较满意	□一般	□不满意	
新员工对培训内容的理解能力	□非常满意	□较满意	□一般	□不满意	
新员工培训中的反应能力	□非常满意	□较满意	□一般	□不满意	
新员工培训中的出勤状况	□非常满意	□较满意	□一般	□不满意	
新员工培训中的参与状况	□非常满意	□较满意	□一般	□不满意	
新员工对培训纪律的遵守程度	□非常满意	□较满意	□一般	□不满意	
新员工培训考核成绩	□非常满意	□较满意	□一般	□不满意	
备注					
填表人		填表日期			

为了更好地了解新员工对于培训内容的掌握程度，用人部门要对新员工培训后的表现进行评估（见表 3—11）。

表 3—11　　用人部门对新员工的培训评估表

姓名		所在部门		职位	
岗位类别		到职日期		培训期限	
新员工参加培训后的考勤状况和工作表现					
新员工对部门各项规章制度的了解程度					
新员工对本岗位所需专业知识的掌握程度					
新员工对本岗位所需专业技能的掌握程度					
新员工目前在工作中所表现出来的优势					
新员工目前在工作中所表现出来的不足					
经过培训，新员工对新岗位的适合程度					
直接主管		办公室主任		副总经理	

4. 人力资源部培训效果跟踪调查

在培训实施结束的一段时间后，公司人力资源部应对新员工培训实施效果进行跟踪调查，以更好地了解新员工工作动态。表 3—12 是某企业制定的新员工培训效果跟踪表。

表 3—12　　新员工培训效果跟踪表

姓名		所属部门		职位	
岗位类别		入职时间		培训时间	

培训内容	评价方式	评价标准	评价人
企业文化与经营理念 组织机构与部门职责 企业各项规章制度	培训考试	□优，掌握 90%以上 □良，掌握 80%～90% □较好，掌握 70%～80% □一般，掌握 60%～70% □差，掌握 60%以下	
专业技能培训	实际操作或演练	□优，技术熟练程度达 90%以上 □良，技术熟练程度达 80%～90% □较好，技术熟练程度达 70%～80% □一般，技术熟练程度达 60%～70% □差，技术熟练程度在 60%以下	

续表

培训内容	评价方式	评价标准	评价人
工作方法培训	实际操作或演练	□优，按操作标准优质完成 □良，按操作标准基本完成 □较好，操作中存在微小失误 □一般，操作中存在 3 处失误 □差，操作中存在很多失误	
总体评价（由考评人员进行评价）			
签字	部门经理签字： 日期：　　年　　月　　日		

3.3.3　撰写培训评估报告

将新员工培训结果写成评估报告，一方面有利于将新员工参与培训的情况展示给公司领导，以确保公司对培训的支持；另一方面能够找出新员工存在的不足，为其转正和下一步培训提供依据；此外，将培训信息反馈给新员工培训的实施者，也利于其完善培训课程。

新员工培训评估应包含对新员工培训过程的叙述、培训评估调查数据的分析说明、培训评估结果的阐述和预测、对存在问题的分析和改进等内容。

评估报告的撰写步骤并无严格规定，各公司可视培训评估需要自行操作。图 3—5 为某公司撰写新员工培训评估报告过程中所遵循的步骤。

××公司撰写新员工培训评估报告的步骤

①统计归纳调查结果，制作相关统计表或统计图

②分析相关数据的规律性

③阐述目前的培训成效，并预测可能达到的长期成效

④对入职培训工作提出问题和修改建议

图 3—5　××公司撰写新员工培训评估报告的步骤

表 3—13 提供了一份新员工培训评估报告样本，培训人员可根据实际情况和需要进行填写。

表 3—13　　新员工培训评估报告

姓名		部门		职务	
培训机构		参训时间		参训地点	
新员工培训目标分析					
培训过程回顾					
新员工一般性信息反馈					
参训人员评估					
考评标准评估					
数据统计分析					
评估的结果					
培训中存在的问题分析					
新员工培训建议					

3.4 新员工培训方案及内容设计

3.4.1 新员工培训方案设计

<table>
<tr><td rowspan="2">制度名称</td><td rowspan="2">××公司新员工培训方案设计</td><td>编号</td><td></td></tr>
<tr><td>执行部门</td><td></td></tr>
</table>

一、新员工培训目的

1. 让新员工更好地了解公司，培养新员工对公司的忠诚度并激发其工作积极性。
2. 让新员工了解公司所能向其提供的相关工作情况及公司对他的期望。
3. 让新员工更快地适应工作环境，确保其能够全面、到位地执行各种工作任务。
4. 确保新员工能够以更有效的方法解决工作中所面临的各种问题。

二、新员工培训内容

1. 公司入职培训

新员工进入公司后，正式入职前需经过公司入职培训，培训合格后方能正式入职。

（1）公司入职培训

公司入职培训的安排见表1。

表1　公司入职培训安排

培训时间	培训内容	培训地点	培训方式	培训负责人
××月××日 9：00—11：00	向新员工致欢迎辞，介绍公司发展前景和战略	公司会议室	课堂讲授	公司副总经理
××月××日 13：30—15：30	公司发展历史、文化及规章制度	人力资源部	多媒体教学	人力资源部经理
××月××日 16：00—17：30	公司重要部门的工作流程及人员配备状况	人力资源部	课堂讲授	人力资源部经理
××月××日 9：00—11：30	向新员工讲解安全生产知识	公司会议室	案例分析	生产部经理
××月××日 13：30—16：00	新员工职业生涯规划和职业素养的培训	公司会议室	课堂讲授	外聘讲师
××月××日 16：00—17：00	回答新员工提出的问题	公司会议室	内部交流	人力资源部经理

（2）注意事项

①在进行规章制度培训时，应向新员工介绍规章制度及其制定理由，以便于他们对规章制度更好地接纳与遵守。

②公司入职培训中，应注意把握好理论培训与实际工作培训的平衡。

③公司入职培训中，应制定相应的培训规范，避免培训内容的空缺或重叠、交叉。

2. 部门入职培训

新员工在进入新的工作部门和岗位时，也要进行相关培训。

（1）部门入职培训

某公司部门入职培训的安排见表 2。

表 2　部门入职培训安排

培训时间	培训内容	培训地点	培训方式	培训负责人
××月××日 9：00—10：00	部门经理代表部门全体员工向新员工致欢迎辞	本部门	课堂讲授	部门经理
××月××日 10：00—11：00	介绍本部门员工及部门工作环境	本部门	课堂讲授	部门主管
××月××日 13：30—15：30	部门结构、功能、规章制度介绍	公司会议室	多媒体教学	部门主管
××月××日 16：00—17：00	新员工工作描述与职责要求	本部门	课堂讲授	部门主管
××月××日 至××月××日	新员工操作规程、专业知识和技术培训	—	学徒培训	指导教师
××月××日 16：00—17：00	回答新员工提问，解决新员工工作存在的问题	本部门	内部交流	部门经理

（2）注意事项

①员工部门培训时间为两个月。

②员工操作规程、专业知识和技术培训实行指导教师制，由部门经理安排工作经验丰富、技能熟练的在职职工担任指导教师，指导新员工培训期间的工作。

三、新员工培训费用预算

在新员工培训方案实施前，还应对培训编制费用预算，以有效地控制培训成本并合理分配企业的资源。本次培训费用预算明细见表 3。

表 3　新员工培训费用预算明细表

培训费用项目	培训费用估算
教材开发费	____元/本×____本=____元
培训讲师劳务费（内部讲师+外聘讲师）	____元/时×____时=____元
交通补助费	____元/日×____日=____元
膳食补助费	____元/日×____日=____元
培训场地租金	____元
培训设备、教学工具租金	____元
其他费用	____元
培训费用合计	____元

四、新员工培训实施步骤

1. 人力资源部确定培训时间并拟订培训具体方案。

2. 人力资源部负责与各部门进行协调，做好整个培训过程的组织管理工作，包括经费申请、人员协调组织、场地安排布置、课程调整及进度推进等工作。

3. 人力资源部负责对新员工培训进行反馈和调查，填写新员工培训反馈意见表，并在 7 日内将学员的反馈意见表汇总后送授课教师参阅。

4. 人力资源部在新员工集中培训一周内，提交新员工培训总结分析报告，并报总经理审阅。

5. 新员工集中脱产培训结束后，进入在岗指导培训。在岗培训由各部门负责人组织实施，并于培训后填写新员工试用期考核转正表报人力资源部。

6. 人力资源部在新员工接受培训期间，应不定期与新员工和部门培训负责人进行交流，及时了解新员工的动态，改进培训方式，以使培训内容更加丰富有效并达成目标。

五、新员工培训考核与评估

新员工培训考核，需要通过集中性考试和现场技能操作等方式完成。

编制人员		审核人员		批准人员	
编制日期		审核日期		批准日期	

3.4.2 新员工培训内容设计

1. 新进销售人员培训内容设计

某公司新进销售人员培训课程设置的具体内容见表 3—14。

表 3—14 新进销售人员培训内容

培训项目	培训内容	培训教材	培训讲师
公司整体培训	公司发展历史与文化	《入职介绍》	公司副总经理
	公司发展战略与规划	《入职介绍》	
	公司产品及特点介绍	《入职介绍》	
	公司礼仪规范与制度	《员工手册》	人力资源部经理
部门规章制度培训	销售管理规范培训	《销售管理制度》	销售主管
	销售提成设计与实施培训	《销售提成管理办法》	
	销售人员行为规范培训	《销售员日常行为准则》	
	客户管理要求与技巧培训	《客户管理办法》	
	销售人员现场管理培训	《销售员现场管理制度》	

续表

培训项目	培训内容	培训教材	培训讲师
销售业务流程培训	产品销售流程培训	《销售流程图》	销售主管
	产品补货管理培训	《销售补货流程》	
	产品报损管理培训	《商品报损流程》	
	投诉处理方法与程序	《客户投诉处理流程》	
产品知识培训	生产产品种类与特点	《产品说明书》	销售主管
	生产车间了解	—	
销售知识与技巧培训	销售岗位要求与职责	《职位说明书》	销售主管
	销售知识与技能培训	《销售指导与规范》	外聘讲师

2. 新进生产人员培训内容设计

某公司新进生产人员培训课程设置的具体内容见表 3—15。

表 3—15　　新进生产人员培训内容

培训项目	培训内容	培训教材	培训讲师
公司整体培训	公司发展历史与文化	《入职介绍》	公司副总经理
	公司组织结构与发展规划	《入职介绍》	
	公司主要产品介绍	《产品手册》	
	公司规章制度介绍	《员工手册》	人力资源部经理
部门规章制度培训	安全生产管理培训	《安全生产管理》	生产经理/主管
	生产质量管理培训	《质量管理手册》	
	生产设备管理培训	《生产设备使用手册》	
	部门行为规范与准则	《生产部日常行为准则》	
部门生产流程培训	生产部工作流程培训	《生产流程图》	生产主管
生产岗位参观与学习	生产部岗位人员配置	—	生产主管
	生产岗位现场参观	—	
岗位知识与技能培训	岗位要求与职责	《岗位说明书》	指导老师
	生产知识和技能培训	《技术指导与规范》	
	生产计划与控制管理	《培训手册》	

3. 新进技术研发人员培训内容设计

某公司新进技术研发人员培训课程设置的具体内容见表3—16。

表3—16　　新进技术研发人员培训内容设计

培训项目	培训内容	培训教材	培训讲师
公司整体培训	公司发展历史与文化	《入职介绍》	公司副总经理
	公司发展战略与规划	《入职介绍》	
	公司产品及所占市场地位	《入职介绍》	
	新产品研发奖励办法	《员工手册》	人力资源部经理
部门规章制度培训	研发目标管理培训	《目标管理手册》	技术部主管
	产品品质管理培训	《品质管理手册》	
	研发团队管理培训	—	
	技术安全管理培训	《技术安全培训手册》	
	研发人员职业操守培训	《职业操守准则》	
研发业务流程培训	新技术研发流程培训	《新技术研发流程图》	技术部主管
	工艺流程的改善与管理	《工艺改善与管理流程》	
	研发中心参观	—	
研发知识与技术培训	现代市场产品需求研究	案例	外聘讲师
	竞争性产品研究与策略	案例	
	新技术研究与学习	《新技术培训手册》	技术部主管
	研究设备的操作与保养	《设备操作手册》	技术部主管

第 4 章

销售人员培训管理

销售人员是市场的开拓者，是企业利润的直接实现者。销售人员的知识水平、个人素质在很大程度上决定了企业的利润水平和市场竞争实力。

对销售人员进行客户知识、销售方法与技巧、产品知识等方面的培训，有助于销售人员以更加积极的心态适应市场变化，沉着应对市场挑战，发掘市场潜在客户，促进企业销售业绩的提升。

4.1 销售人员培训需求分析

4.1.1 明确培训需求分析内容

不同企业的产品不同、目标顾客不同，对销售人员的素质要求也不同。针对自己企业的销售人员，应该从哪些方面开展培训工作才能帮助他们提升销售业绩？销售人员究竟需要在哪些方面提升自己？为了弄清这些问题，就需要对销售人员进行培训需求分析。

对销售人员的培训需求进行分析，主要从组织、工作和个人三个层次展开，如图4—1所示。

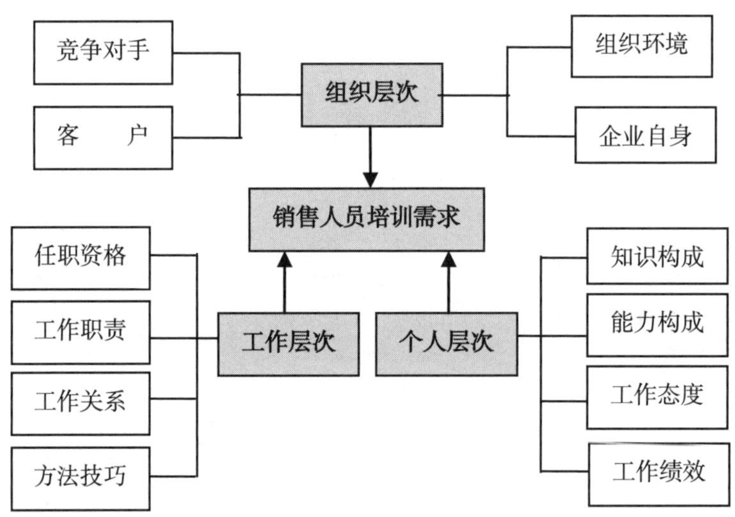

图4—1　销售人员培训需求分析图

1. 组织层次分析

销售人员培训需求组织层次分析主要从以下四个方面开展，如图4—2所示。

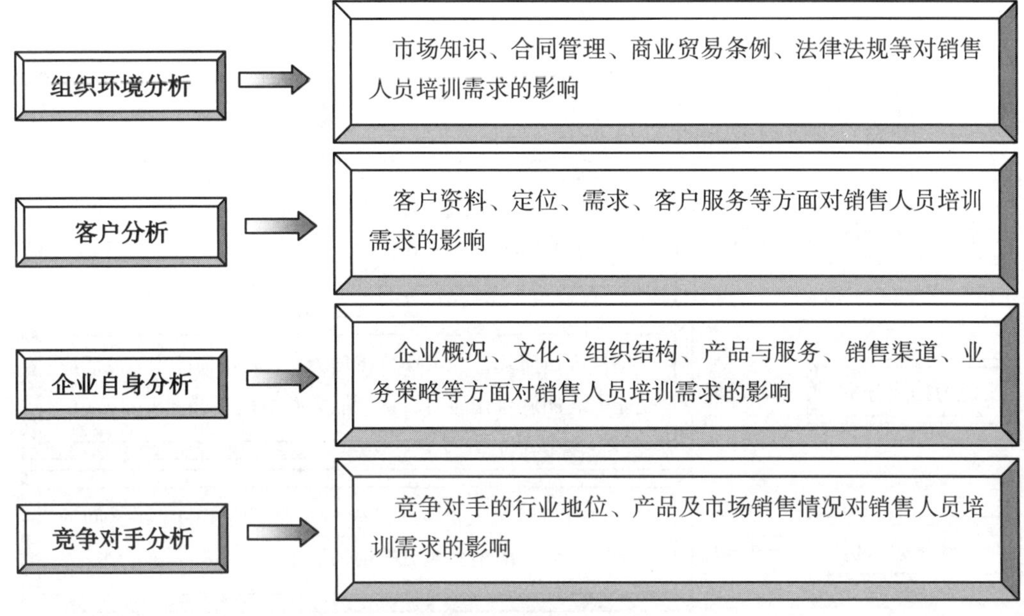

图 4—2　销售人员培训需求组织层次分析

2. 工作层次分析

销售人员的工作职责是搜集市场信息、进行市场开发、完成销售目标和回款、维护良好的客户关系等。销售人员的工作职责决定了销售人员培训需求工作层次分析应该从如图 4—3 所示四个方面开展。

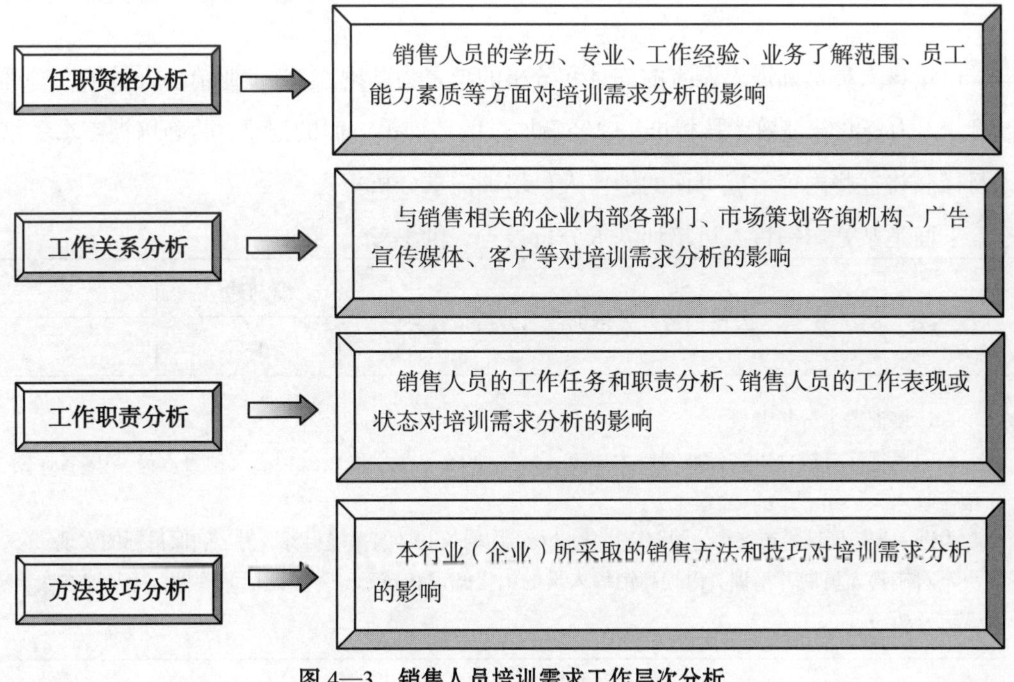

图 4—3　销售人员培训需求工作层次分析

3. 个人层次分析

销售人员个人的知识构成、能力构成、工作绩效、工作态度等方面都对培训需求产生了一定影响，具体内容如图 4—4 所示。

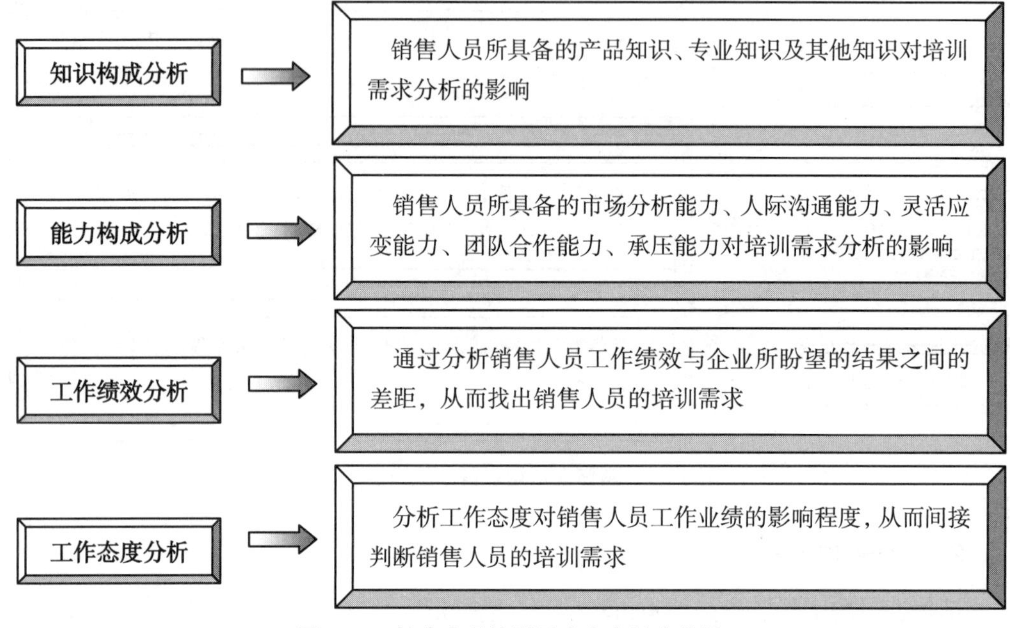

图 4—4 **销售人员培训需求个人层次分析**

4.1.2 撰写培训需求分析报告

以销售人员培训需求调查的信息和分析的结果为基础，参考企业销售人员培训管理制度、人力资源部绩效考核标准、曾经参加过的培训等方面的记录，明确培训需求和培训目标。将这些内容形成书面的销售人员培训需求分析报告。

下面是某公司销售人员培训需求分析报告，供参考。

文案名称	××公司销售人员培训需求分析报告	编制部门	
		编号	

一、培训需求分析背景

公司销售部自成立以来已取得巨大成就，截至 20××年年底，公司已有销售人员 110 名，创年销售收入× ××万元。

为进一步拓展销售市场，公司制定销售收入年均增长 10%的发展目标。为了确保目标的实现，公司决定对销售人员展开培训，以提高销售人员的销售知识和技巧。为保证培训效果，特开展本次培训需求分析。

二、需求分析内容和方法

为了全面了解公司销售人员对于培训的需求状况，人力资源部于 20××年××月××日至 20××年××月××日，对公司 110 名销售人员进行培训需求问卷调查。其中发放调查问卷 110 份，回收有效问卷 108 份。

为了更好地了解销售人员培训需求、销售部门对培训的认知程度和重视程度，人力资源部还对销售部主管及经理进行了详细的访谈，并对销售人员职位说明书、销售部工作报告等相关资料进行分析，以确保销售人员能够获得有效培训。

三、培训需求分析内容

（一）调查问卷情况

1. 销售人员学历情况

从回收的调查问卷中可以看出公司销售人员的情况，其中，职高/高中毕业的销售人员占很大比例（占××%）、大专及本科以上学历销售人员占×%。这反映出公司销售人员队伍学历水平相对较低的现状，也在一定程度上说明对销售人员进行培训的必要性和紧迫性。

2. 销售人员相关经验

调查问卷显示，公司销售人员销售工作经验在 1 年以下的占销售人员总数的××%，销售年限在 3 年以上的销售人员仅占总数的××%。销售人员的销售经验存在明显不足，需要专门人员对其进行培训。

3. 培训内容需求调查

在设计调查问卷时，我们对销售人员的心态和销售技巧问题分别进行了设计。在销售技巧的相关问题中，以下 7 个问题比较突出。

（1）如何找到顾客（占××%）。

（2）如何接近顾客（占××%）。

（3）如何介绍公司产品（占××%）。

（4）如何消除顾客顾虑（占××%）。

（5）如何确保订单成交（占××%）。

（6）如何处理顾客关系（占××%）。

（7）如何进行销售沟通（占××%）。

（二）调查问卷结果分析

从此次调查问卷中可以得出以下结论。

1. 公司销售人员的学历水平相对比较低。

2. 很大一部分销售人员没有经过销售系统学习和培训。

3. 公司销售人员的销售工作经验不足，尤其是销售经验不足一年者迫切需要接受业务指导和培训。

4. 销售人员对消除顾客顾虑、进行销售沟通等方面的培训需求较为集中。

5. 绝大多数人认为销售培训可以提高业绩，非常必要。

四、销售人员培训建议

针对销售人员培训需求调查的实际情况，建议公司对销售人员采取有计划、有步骤、分阶段的培训。

（一）培训课程设置建议

综合上述信息，公司拟对销售人员设置如下表所示培训课程。

销售人员培训课程表

课程名称	主要内容
发现顾客的 N 个地方	告诉销售人员到哪里去寻找潜在的顾客
如何接近顾客	告诉销售人员应该如何去接近不同性格、类型的顾客
如何进行产品介绍和演示	告诉销售人员如何介绍产品、如何给顾客演示产品
如何消除顾客顾虑	列出顾客存在顾虑的类型，并给出相应的解决办法
如何成交	告诉销售人员成交的时机和办法
与顾客的 N 次沟通	举例说明如何和顾客进行销售沟通
建立良好的顾客关系	告诉销售人员如何通过售后服务建立良好的顾客关系
销售目标管理	告诉销售人员如何进行目标管理
管理自己	告诉销售人员如何规划自己，如何进行时间管理

（二）培训形式

为了调动销售人员参与培训的积极性，建议将课堂讲授、角色扮演、案例教学等培训方式相结合。

（三）培训讲师

建议公司在 20××年培训工作中，培训讲师除了选择销售部门管理人员外，还应聘请国内外销售精英或专家给予现场讲授，用个人的实例来鼓舞销售人员，以达到提升销售人员信心和销售技能、最终提升公司的销售业绩的目的。

编制日期		审核日期		批准日期	
修改标记		修改处数		修改日期	

4.2 销售人员培训计划制订

4.2.1 确定培训时间

销售人员培训时间的选择，应根据培训需要来确定，通常在如图 4—5 所示情况下，公司有必要对销售人员进行培训。

图 4—5　选择销售人员培训时间

4.2.2　选择培训地点

销售人员培训地点的选择需要保证销售人员的培训实施过程不会受到外界干扰。一般情况下，根据培训内容的不同和培训人数的多少来选择培训地点。依据培训地点的不同可分为集中培训和分开培训。

1. 集中培训

集中培训一般由公司举办，以此培养企业内部所有销售人员。通常情况下知识、态度、制度等方面的培训可采取集中培训的方式。

2. 分开培训

分开培训一般由销售部门自行举办，用以培训销售人员。有特殊目标的培训可采用此方式。

4.2.3　确定培训内容

销售人员培训内容应视培训需要进行具体选择，图 4—6 是某公司为其销售人员设计的培训内容。

图 4—6　××公司销售人员培训内容

4.2.4　选取培训方法

销售人员培训方法因培训内容和对象的不同而进行差异性选择。通常情况下，可供选择的培训方法见表 4—1。

表 4—1　销售人员常用培训方法

培训方法	方法介绍	培训内容
课堂讲授法	由销售专家或经验丰富的销售人员讲解相关销售知识	企业概况、产品知识、销售原理、销售人员心理素质培养等
会议培训法	由培训讲师或销售专家组织销售人员就某一专门议题进行讨论	销售思想和知识培训、销售方法和技巧培训等
案例分析法	由培训讲师主持，销售人员参与分析销售实例，并对实例中存在的问题提出解决办法	销售方法培训、销售技巧培训等
角色扮演法	设定接近现实状况的环境，由培训讲师和销售人员来扮演顾客和销售人员，以此来检验销售人员解决问题和应变的能力	销售方法培训、销售技巧培训、销售技能培训、反应能力测试等
情景模拟法	设置多种业务情景，让销售人员在设定的情景中处理相关问题并作出相应决定	销售方法培训、销售技巧培训、销售技能培训、适应能力测试等
工作指导法	由指导老师辅导销售人员在岗位上实践，及时发现其销售中存在的问题，并及时予以指导解决	销售业务流程、电话沟通技巧、销售工作方法

4.2.5　挑选培训讲师

挑选销售人员培训的讲师时，资历和培训经验是需要考虑的重要因素。一般由公司内部销售经理、销售骨干及其他相关人员，或公司外部具有丰富销售经验的专家、学者担任。公司内部培训讲师应具有如图 4—7 所示的条件。

1. 对其讲授课程内容有彻底的了解
2. 对于培训方法有充分的了解和研究
3. 对所使用的教材能够随时进行补充和修正
4. 乐于研究并勤于督导
5. 具有良好的语言表达和沟通能力

图 4—7 销售人员培训内部培训讲师的条件

4.3 销售人员培训内容安排

4.3.1 服装销售人员培训内容设计

某服装制造企业为本企业销售人员设计的培训内容见表 4—2。

表 4—2 **服装销售人员培训内容设计**

培训项目	培训内容	培训课时	培训方式	培训讲师
岗位要求	服装销售人员基本素质培训	2 小时	课堂讲授	外聘讲师
	服装销售人员文明用语培训	2 小时	课堂讲授	外聘讲师
	服装销售人员岗位职责培训	1 小时	课堂讲授	培训主管
业务知识	市场产品调研培训	2 小时	课堂讲授	销售经理
	目标客户分析培训	2 小时	课堂讲授	销售经理
	各种推销技术培训	2 小时	角色扮演	外聘讲师
	谈判策略和技巧培训	3 小时	情景模拟	外聘讲师
	渠道管理培训	2 小时	课堂讲授	销售经理
	广告与促销培训	2 小时	多媒体教学	营销主管
	服务意识与服务知识培训	2 小时	情景模拟	销售经理

续表

培训项目	培训内容	培训课时	培训方式	培训讲师
业务知识	客户赊销与信用管理培训	2 小时	课堂讲授	销售经理
	票据结算流程培训	2 小时	课堂讲授	会计主管
规章制度	服装销售人员仪容仪表管理制度	4 小时	课堂讲授	销售经理
	服装销售管理细则	2 小时	课堂讲授	销售经理
注意事项：服装销售人员仪表、言行代表企业的形象和风貌，因此应加强仪表、行为、谈吐等方面培训。				

4.3.2 家电销售人员培训内容设计

某家电制造企业为本企业销售人员设计的培训内容见表 4—3。

表 4—3 家电销售人员培训内容设计

培训项目	培训内容	培训课时	培训方式	培训讲师
岗位要求	家电销售人员基本素质培训	2 小时	课堂讲授	外聘讲师
	家电销售人员文明用语培训	2 小时	课堂讲授	外聘讲师
	家电销售人员岗位职责培训	1 小时	课堂讲授	培训主管
业务知识	家电陈列方法培训	3 小时	多媒体教学	理货主管
	家电销售方法培训	4 小时	课堂讲授	外聘讲师
	家电促销技巧培训	4 小时	情景模拟	外聘讲师
	家电产品补货方法与流程培训	3 小时	课堂讲授	理货主管
	家电产品尾货处理方式培训	4 小时	课堂讲授	理货主管
	家电产品盘点培训	2 小时	课堂讲授	理货主管
	家电产品售后服务培训	4 小时	课堂讲授	理货主管
	客户投诉处理培训	2 小时	课堂讲授	销售经理
规章制度	家电陈列管理制度	2 小时	课堂讲授	销售经理
	家电盘点管理制度	1 小时	课堂讲授	销售经理
	家电促销管理制度	2 小时	课堂讲授	销售经理
	家电销售人员日常行为管理规范	2 小时	课堂讲授	人力资源部培训讲师

4.3.3　商场导购人员培训内容设计

某商场为本单位导购人员设计的培训内容见表 4—4。

表 4—4　商场导购人员培训内容设计

培训项目	培训内容	培训课时	培训方式	培训讲师
岗位要求	导购人员基本素质培训	2 小时	课堂讲授	外聘讲师
	导购人员文明用语培训	2 小时	课堂讲授	外聘讲师
	导购人员岗位职责和要求培训	2 小时	课堂讲授	培训主管
实际操作	导购人员售前准备培训（上货、陈列、卫生等）	2 小时	课堂讲授	理货主管
	销售产品质量验收培训	3 小时	课堂讲授	理货主管
	销售商品调配流程与方法培训	3 小时	课堂讲授	理货主管
	商品促销计划管理培训	3 小时	情景模拟	理货主管
	售出商品单据管理培训	2 小时	课堂讲授	会计主管
	商品销价、报损管理培训	1 小时	课堂讲授	销售部经理
	售后服务方案制订与管理培训	1 小时	课堂讲授	销售部经理
	客户投诉处理培训	2 小时	课堂讲授	销售部经理
规章制度	商场安全管理制度	2 小时	多媒体教学	销售部经理
	商场导购人员日常行为规范	2 小时	课堂讲授	人力资源部培训讲师
	商场产品促销管理制度	2 小时	课堂讲授	销售部经理

4.3.4　酒店营销人员培训内容设计

某酒店为本单位营销人员设计的培训内容见表 4—5。

表 4—5　　酒店营销人员培训内容设计

培训项目	培训内容	培训课时	培训方式	培训讲师
岗位要求	酒店营销人员基本素质培训	2 小时	课堂讲授	外聘讲师
	酒店营销人员文明用语培训	2 小时	课堂讲授	外聘讲师
	酒店营销人员岗位职责培训	2 小时	课堂讲授	培训主管
实际操作	市场信息及行业动态收集	2 小时	课堂讲授	营销经理
	酒店预订管理培训	2 小时	课堂讲授	预订主管
	宴会销售管理培训	2 小时	课堂讲授	宴会主管
	酒店营销方法与技巧培训	3 小时	情景模拟	营销经理
	旅行团接待培训	1 小时	课堂讲授	公关主管
	VIP 接待工作培训	2 小时	课堂讲授	公关主管
	客户关系管理培训	2 小时	情景模拟	公关主管
规章制度	客户关系管理制度	2 小时	课堂讲授	公关主管
	酒店公关管理制度	2 小时	课堂讲授	公关主管
	日常行为规范	2 小时	课堂讲授	人力资源部培训讲师
注意事项：酒店营销人员培训中有关电话接听技巧、预订信息登记等培训需着重进行。				

4.4　销售人员培训评估

4.4.1　销售人员培训评估时间选择

根据评估内容和种类不同，培训评估时间选择也有所不同。通常情况下，销售人员培训评估时间选择及侧重点见表 4—6。

表 4—6　　销售人员培训评估时间选择

评估种类	时间选择	评估的侧重点
培训前的多重测评	培训前预定时间内实施	培训前销售人员业绩的变化或趋势、对销售部门业绩变化所作出的评估等
培训中的评估	培训中预定时间内实施	对培训的反馈意见以及销售人员对于培训知识和技能的掌握情况的评估
培训后的多重测评	培训后预定时间内实施	培训后销售人员业绩的变化或趋势、对销售部门业绩变化所作出的评估
培训后的跟踪评估	培训后预定时间内实施	对培训知识的保持、销售人员工作业绩表现等评估

4.4.2　销售人员培训评估内容

对销售人员培训评估的内容大体可以归纳为三个方面，见表 4—7。

表 4—7　　销售人员培训评估内容

培训评估项目	具体内容
培训讲师评估	主要是针对培训讲师具有的专业知识、掌握的培训技巧、所安排的培训课程内容的合理性等项目进行评估
培训组织评估	主要是对销售人员培训组织者的工作情况，包括对培训需求的调查、培训场所的选择、培训时间的安排、培训食宿情况进行调查和评估
培训效果评估	对销售人员培训效果的评估，主要从销售人员对培训知识的掌握程度、销售人员的服务意识提高程度、销售人员销售业绩的变化等方面开展

4.4.3　销售人员培训评估方法

对销售人员培训进行评估可选择测试法、访谈法、观察法、关键事件法、问卷调查法等。下面介绍常用的销售人员培训评估方法。

1．测试法

测试法就是由培训讲师或培训组织者编制试题，在培训结束后一定时间内对销售人员进行测试的一种方法。测试法可以用于测试销售人员对公司规章制度、产品知识、行业知识等培训内容的掌握程度。图 4—8 是一家房地产公司设计的销售人员培训测试题。

××房地产公司销售人员培训测试题

说明：1. 本次培训考试试题内容主要来源于公司《销售人员培训手册》。

2. 考试时间为40分钟，满分为100分。

3. 培训考试成绩低于75分者，需要重新接受培训，请参考人员认真对待本次考试。

一、填空题（每题5分，共50分）

1. 房屋容积率是指__________和__________的比值。

2. 房地产的土地使用年限：住宅为________年，商业为________年，工业为________年，综合为________年。

3. 目前，银行对住宅个人按揭贷款提供的最大贷款比例为________。

4. 五证是指________、________、________、________、________。

5. 商业房最高贷款年限为________年。

6. 房屋的建筑结构分为砖混结构、________、________和________。

7. 房地产________级市场又称增量市场，是指新建商品房的买卖市场。

8. 开间即住宅的宽度，指________到________的实际距离，因为是就一个自然的宽度而言，故又称为开间，在我国北方开间是指房间东西方向。

9. 建筑密度，即建筑覆盖率，指项目________与________之比。

10. 两书指________、________。

二、判断题（每题5分，共25分）

1. “住宅设计规范”规定，厨房、卫生间净高应不少于2.4米。（ ）

2. “住宅设计规范”规定，多层住宅阳台栏杆高度不应低于1 米。（ ）

3. 城市郊区的土地，有的属于国家所有，有的属于农民集体所有。（ ）

4. 在集体性质的土地上不能进行商品房开发。（ ）

5. 我国房地产开发企业中二级资质要求开发商从事房地产开发的时间至少应为四年。（ ）

三、简答题（共25分）

1. 你认为要成为一名优秀的房地产销售人员应具备哪些基本素质。（10分）

2. 请把我们楼盘的整体情况向购房客户作一介绍。（15分）

图4—8 某房地产公司销售人员培训测试题

2. 访谈法

访谈法也是在销售人员培训评估中常用的一种方法，表4—8提供了一份销售人员培训评估访谈记录表样本。

表 4—8　　销售人员培训评估访谈记录表

访谈对象		访谈地点	
访谈日期			
访谈单位			
访谈主题			
访谈实施			
访谈问题		回答记录	
1.			
2.			
3.			
备注事项			

3. 观察法

对于销售人员销售技巧、工作态度的培训，培训部门可以通过观察法来进行评估。表 4—9 是一份观察记录表的样本。

表 4—9　　销售技巧培训效果观察记录表

培训课程	销售技巧	培训日期	××××年××月××日
观察对象	销售人员接待客户全过程	观察记录员	×××
观察记录			
培训前		培训后	
客户快到时，才仓促准备合同和业务资料		提前准备好合同和业务资料，等待客户到来	
销售人员衣着随便，其皮鞋上有灰尘		穿正装，衣着整洁、得体	
未能提前迎接客户		事先与客户约好时间，到电梯口迎接客户	
客户问什么问题，回答什么问题		主动了解，并向客户提供相关信息	
……		……	
观察结论			
1. 销售技巧培训取得了明显的效果 2. 销售人员在赢得客户好感、激发客户购买欲望等方面都有明显的提高			

4. 关键事件法

关键事件法是将培训的评估注意力集中在那些有效从事一项工作与无效从事一项工作的关键行为上，由评估者对培训对象特别有效和无效的行为进行记录，见表 4—10。

表 4—10　　销售人员关键行为记录表

工作事项	关键行为描述（培训前）	关键行为描述（培训后）	评估结果分析
产品介绍			
客户投诉处理			
……			

5. 问卷调查法

问卷调查的测试内容较广，可包含对培训课程、培训讲师、培训组织者等多个方面内容的评估，见表 4—11。

表 4—11　　销售培训效果评估调查表

评估对象	调查内容	评估得分
培训组织者	对培训计划的整体评价	□5　□4　□3　□2　□1
	培训组织安排合理程度	□5　□4　□3　□2　□1
	本次培训的后勤保障程度	□5　□4　□3　□2　□1
	培训设备和材料准备充分度	□5　□4　□3　□2　□1
培训课程	您认为培训课程的设计合理性	□5　□4　□3　□2　□1
	您认为培训教材对您的适合程度	□5　□4　□3　□2　□1
	您认为培训内容对您销售工作的指导性	□5　□4　□3　□2　□1
	培训课程辅助工具的使用程度	□5　□4　□3　□2　□1
	您认为培训对象参与程度如何	□5　□4　□3　□2　□1
培训讲师	对培训内容的熟悉程度	□5　□4　□3　□2　□1
	对培训时间的把握程度	□5　□4　□3　□2　□1
	对销售课程论据的补充	□5　□4　□3　□2　□1
	回答问题的准确性	□5　□4　□3　□2　□1
	授课技巧	□5　□4　□3　□2　□1
评分方法：优秀为 5 分，良好为 4 分，一般为 3 分，较差为 2 分，差为 1 分。		

4.4.4 销售人员培训评估报告

人力资源部将上述各种表格的运用情况和得到的结果加以汇总分析，并对这些资料进行分类汇总和整理，形成培训评估报告。

培训评估报告的撰写应力求客观、公正，其内容主要是对培训实施的目的和性质、培训实施过程和方法以及评估结果等方面加以说明。某公司的销售人员培训评估报告如下所示。

文案名称	××公司关于销售人员××项目的培训评估报告	编号	
		执行部门	

一、培训项目基本情况

此次培训项目的基本情况见表1。

表1　培训项目基本情况

培训项目名称		培训对象	
培训讲师		培训机构	
主办单位		受训人数	
培训日期		培训地点	
培训项目实施背景	（略）		

二、培训评估实施过程及方法（略）

三、培训评估结果及分析

本次培训总评估的平均值为3.3，介于“达到期望值”与“高于期望值”之间。每项内容的评估分数具体如图1所示。

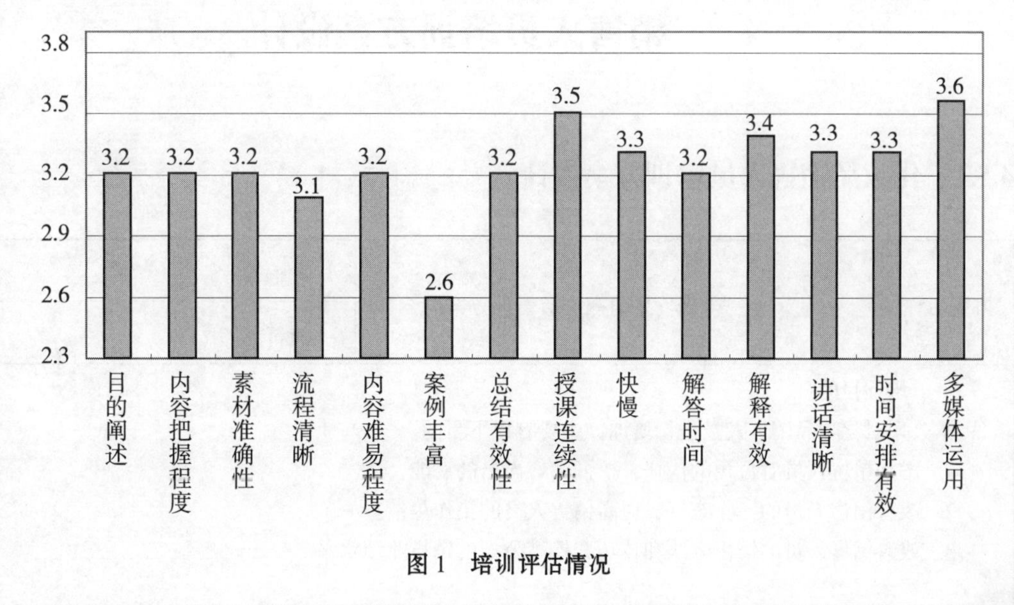

图1　培训评估情况

1. 关于课程内容的评估：各项分数介于 2.6~3.2 之间。
2. 关于培训讲师的评估：各项分数介于 3.2~3.6 之间。“多媒体运用”得分最高，为 3.6。
3. 收集的部分培训学员意见见表 2。

表 2　　培训学员意见

培训中需要改进的地方		培训中的亮点
意见 1	内容较多，可设专题	对工作有实际帮助
意见 2	增加案例、提问的方式	清晰、易懂
意见 3	多增加案例，提前发放培训材料	重点突出，内容全面
意见 4	多配合案例，讲义可以再生动一些	
意见 5	讲师互动少，案例少	
意见 6	多使用实例讲解，容易理解	

4. 关于受训员工的评估

（1）培训结束后，通过测试，发现学员对培训内容掌握得比较到位（附成绩统计表，略）。

（2）培训结束后一个月，某些学员的销售业绩提高了（附销售数据的简单比较，略）。

四、改进建议（略）

编制人员		审核人员		批准人员	
编制日期		审核日期		批准日期	

4.5　销售人员培训方案设计

4.5.1　化妆品销售人员培训方案设计

方案名称	××公司化妆品销售人员培训方案	编号	
		执行部门	

一、培训目的

本公司对化妆品销售人员进行培训，主要有以下目的。

1. 增加销售人员对公司的信任，挖掘销售人员的潜能。
2. 改善销售人员的工作态度，提高销售人员的工作热情。
3. 改善销售人员的销售方法和技巧，提高公司的销售业绩水平。

二、培训原则

1. 因材施教原则。

2. 分级培训原则。

3. 讲求实效原则。

三、培训内容

目前，本公司化妆品销售人员主要分为三个层次，即新进销售人员、有经验的销售人员和销售管理人员。因此，本次培训将根据销售人员层次的不同，确定合适的培训内容和方式。

1. 新进销售人员

（1）新进销售人员培训内容

公司针对新进销售人员设置的培训内容见表 1。

表 1　新进销售人员培训内容

培训时间	培训内容	培训地点	培训方式	培训负责人
××月××日 9：00—11：00	向新员工致欢迎辞，介绍公司发展前景和战略	公司会议室	课堂讲授	公司副总经理
××月××日 13：30　15：30	公司发展历史、文化、价值观培训	公司会议室	多媒体	公司副总经理
××月××日 16：00—17：30	公司行为规范和规章制度培训	人力资源部	课堂讲授	人力资源部经理
××月××日 9：00—11：30	销售岗位所需基本素质和技能培训	销售部	课堂讲授	销售经理
××月××日 13：30—16：30	销售人员商务礼仪规范培训	销售部	课堂讲授	外聘讲师
××月××日 9：00—11：30	公司化妆产品知识培训	销售部	多媒体	销售经理
××月××日 13：30—16：30	打动客户的产品展示方法和技巧	销售部	情景模拟	销售经理
××月××日 9：00—11：30	缔结销售协议的关键时机把握	销售部	情景模拟	销售经理
××月××日至 ××月××日	销售实践与现场指导	销售部	现场指导	销售骨干
××月××日 13：30—16：30	化妆品销售活动分析	销售部	课堂讲授	销售主管

（2）培训注意事项

①新进销售人员培训内容应难度适中，并采取多样化的培训方式，以调动新进销售人员参与培训的积极性。

②现场指导可由有经验的销售人员带新进销售人员工作一段时间，然后逐渐放手，让新进销售人员独立工作。这种方法可以让新进销售人员较快熟悉业务，掌握销售技巧。

2. 有经验的销售人员

（1）有经验的销售人员培训内容

公司针对有一定工作经验的销售人员设置的培训内容见表2。

表2　　有经验的销售人员培训内容

培训时间	培训内容	培训地点	培训方式	培训负责人
××月××日 9：00—11：00	化妆品行业与市场知识	销售部	多媒体	销售主管
××月××日 13：30—16：30	营销人员的财务管理知识	财务部	课堂讲授	财务主管
××月××日 9：00—11：00	销售渠道的开发与管理	销售部	多媒体	外聘讲师
××月××日 16：00—17：30	销售人员的自我目标与计划管理	销售部	课堂讲授	外聘讲师
××月××日 9：00—11：30	销售人员的时间管理	销售部	课堂讲授	销售经理
××月××日 13：30—16：30	提高销售业绩的方法	销售部	课堂讲授	外聘讲师
××月××日 9：00—11：30	如何处理销售过程中的疑义	销售部	多媒体	销售经理
××月××日 13：30—16：30	如何与顾客建立长久的业务关系	销售部	课堂讲授	销售经理
××月××日 9：00—11：30	面对大客户的销售艺术	销售部	课堂讲授	销售经理

（2）培训注意事项

有经验的销售人员培训的内容设计，应侧重于与工作直接相关的业务技能的提高。

3. 销售管理人员

（1）销售管理人员培训内容

公司对销售管理人员设置的培训内容见表3。

表3　　销售管理人员培训内容

培训时间	培训内容	培训地点	培训方式	培训负责人
××月××日 9：00—11：00	化妆品营销计划与营销策略	公司会议室	多媒体	总经理

续表

培训时间	培训内容	培训地点	培训方式	培训负责人
××月××日 13：30—15：30	领导和组织能力培训	公司会议室	课堂讲授	外聘讲师
××月××日 16：00—17：30	客户管理知识培训	公司会议室	课堂讲授	外聘讲师
××月××日 9：00—11：30	人际沟通与团队建设	公司会议室	课堂讲授	外聘讲师

（2）注意事项

对销售管理人员的培训目标是提高其管理知识和技能，以便其更好地管理好本部门工作。

四、培训费用预算

在对销售人员进行培训前，还应编制培训费用预算，从而有效地控制培训成本，合理地分配企业的资源。本次培训费用预算明细见表 4。

表 4　销售人员培训费用预算明细表

培训项目	培训费用
新进销售人员培训	____元/人×____人=____元
有经验的销售人员培训	____元/人×____人=____元
销售管理人员培训	____元

五、培训实施

公司对销售人员进行培训时，除做好上述准备工作外，还需要准备一些其他事项，包括培训辅助设备的准备、发布培训通知等相关事宜。

培训实施中，除了按照计划表中的时间、地点等开展具体的培训工作以外，还需要注意对整个培训过程进行监控，并做好相应的培训记录，以便培训后完成对培训工作的评估。

六、培训考核与评估

1. 销售人员培训考核通过测试法、关键业绩法、问卷调查法等方式完成。

2. 对销售人员进行培训评估时，培训管理人员需要与各类销售人员、培训讲师、培训学员等进行信息沟通与反馈，以此来综合评估培训效果。

编制人员		审核人员		批准人员	
编制日期		审核日期		批准日期	

4.5.2 电商销售人员培训方案设计

<table>
<tr><td rowspan="2">方案名称</td><td rowspan="2">××公司电商销售人员培训方案</td><td>编号</td><td></td></tr>
<tr><td>执行部门</td><td></td></tr>
</table>

一、培训目的

为加强对电商销售人员培训工作的规范化管理，增强培训效果，提升电商销售人员的销售技能及整体素质，更好地服务客户，达成公司销售目标，特制订本方案。

二、适用范围

本方案适用于本公司电商销售人员的销售技能、销售规范标准、自身素质等的培训。

三、职责划分

1. 人力资源部负责公司电商销售人员的各项培训工作，包括培训制度的拟定、培训体系的建立、培训流程的完善、培训计划的制订、培训通知的发送、培训的组织实施、培训的跟踪与反馈、培训效果的评估与总结等工作。

2. 电子商务部负责电商销售人员培训的具体组织实施工作。

四、培训原则

1. 坚持因人施教、务求实效的原则

根据公司电商业务的发展需要和员工多样化培训需求，分层次、分类别地开展内容丰富、形式灵活的培训，增强培训的针对性和实效性，确保培训质量。

2. 坚持自主培训为主、外委培训为辅的原则

整合培训资源，建立健全以公司人力资源部为主要培训基地，临近院校、专业培训机构为外委培训基地的培训网络，通过自主培训搞好基础培训和常规培训，通过外委培训搞好相关专业培训。

3. 坚持参与、分享原则

鼓励电商销售人员积极参与到培训中，互相分享工作经验及教训，提高实践能力。

五、培训讲师及内容安排

人力资源部组织成立培训讲师团，培训讲师团成员来自内部选拔或外部聘请专家。具体培训课程、培训内容及相对应的培训讲师团成员安排见下表。

电商销售人员培训讲师及内容安排表

<table>
<tr><th>课程名称</th><th>培训内容</th><th>培训讲师</th><th>培训形式</th><th>培训时间</th><th>培训地点</th></tr>
<tr><td rowspan="4">公司概况</td><td>公司发展历史</td><td rowspan="4">内部讲师：×××</td><td rowspan="4">讲授</td><td>—</td><td>—</td></tr>
<tr><td>企业文化</td><td>—</td><td>—</td></tr>
<tr><td>公司组织架构</td><td>—</td><td>—</td></tr>
<tr><td>电子商务发展趋势</td><td>—</td><td>—</td></tr>
<tr><td rowspan="2">岗位职责
与
考核办法</td><td>岗位职责</td><td rowspan="2">内部讲师：×××</td><td rowspan="2">讲授</td><td>—</td><td>—</td></tr>
<tr><td>各岗位考核办法</td><td>—</td><td>—</td></tr>
</table>

续表

课程名称	培训内容	培训讲师	培训形式	培训时间	培训地点
融入团队	团队合作游戏	内部讲师：×××	游戏	—	—
	社交礼仪		讲授	—	—
技能知识	销售技巧	内部讲师：×××	讲授	—	—
	时间管理技巧		讲授	—	—
	谈判技巧		讲授	—	—
	成交技巧		讲授	—	—
	电子商务平台应用规则		讲授	—	—
	在线沟通技巧		讲授	—	—
	物流发货知识		帮带	—	—
	异议处理技巧		讲授	—	—
	新技术研究与学习	外部讲师：×××	讲授	—	—
法律知识	知识产品	外部讲师：×××	讲授	—	—
	专利使用		讲授	—	—
	技术保密		讲授	—	—

六、培训实施与管理

1. 做好培训前准备

（1）培训实施前，人力资源部应将电商销售人员培训所需的会议室、培训器材、培训教材等准备齐全，确保完好。

（2）人力资源部相关人员应将电商销售人员培训时间安排、培训课程安排及培训要求及时通知参加培训的人员。

（3）人力资源部相关人员应提前将培训教材等文件发放给参加培训的人员。

2. 组织实施培训

人力资源部负责组织实施电商销售人员培训，主要工作包括：

（1）培训时指导员工填写员工培训签到表。

（2）维护培训现场纪律及秩序，确保培训顺利进行。

（3）指导员工填写员工培训效果评估表。

（4）培训完毕后收回员工填写完成的员工培训效果评估表。

3. 进行培训考核

培训结束后，人力资源部相关人员及时组织参加培训的人员进行培训考核，并组织有关人员公平、客观地评判考核结果。培训考核评估结束后，人力资源部相关人员应及时做出评价与反馈，帮助员工提升培训考核成绩。

七、培训效果评估

人力资源部对当年的培训工作进行总的评价，并编制评估报告，总结经验教训，作为电商销售人员培训改进的依据。

八、培训档案管理

1. 个人培训档案管理

（1）公司建立电商销售人员培训档案，凡是公司电商销售人员所接受的各种培训，应将所有培训记录、考核结果、相关资料进行汇总，整理归档，并纳入个人档案。

（2）公司将电商销售人员受训情况在员工培训记录卡上进行登记。培训记录卡主要记载每位员工进入公司后所参加的各种培训，包括业余的、专业的培训。它的内容是构成人力资源档案的主要组成部分，也是员工以后职位变动、升迁以及加薪的主要参考依据。

2. 课程档案管理

每次培训结束后，公司建立电商销售人员培训档案，培训档案内容包括培训的时间、地点、内容、培训讲师等。每次培训的归档资料应包括以下内容：

（1）培训通知。

（2）培训教材。

（3）考核试卷。

（4）受训人员名单及签到情况表。

（5）培训效果评估表。

（6）受训人员书面考核成绩或心得总结等。

编制人员		审核人员		批准人员	
编制日期		审核日期		批准日期	

4.5.3 销售人员礼仪培训方案设计

<table>
<tr><td rowspan="2">方案名称</td><td rowspan="2">××企业销售人员礼仪培训方案</td><td>编号</td><td></td></tr>
<tr><td>执行部门</td><td></td></tr>
</table>

一、培训目的

1. 提升企业整体形象，增加企业核心竞争力。

2. 为销售人员塑造良好的形象，赢得客户的信任和尊重。

3. 良好的礼仪形象有助于增强销售人员的潜在销售力，提高销售业绩。

二、培训原则

1. 参与原则

在进行礼仪培训中受训者要积极参与、认真实践，这样才能使培训高效率、有效果。

2. 激励原则

在培训过程中要应用各种激励方法，使受训者在学习过程中，因需要得到满足而产生学习意愿，不断受到激励快速学习培训内容。

3. 因人施教原则

在进行销售人员礼仪培训时应因人而异，根据不同的对象选择不同的培训内容和培训方式，有的甚至要针对个人制订培训发展计划。

三、培训内容

1. 礼仪培训内容

销售人员的礼仪培训是所有销售人员入职培训的一个重点培训内容，培训对象是所有新进的销售人员，具体培训内容见表 1。

表 1　　销售人员礼仪培训内容

培训内容		培训时间	培训地点	培训方式
形象礼仪	如何塑造企业形象	××月××日 9：00—11：00	公司会议室	课堂讲授
	仪容仪表培训	××月××日 13：30—15：30	公司会议室	现场指导
	着装礼仪培训	××月××日 16：00—17：30	公司会议室	课堂讲授+现场指导
形体礼仪	形体礼仪培训	××月××日 9：00—10：00	公司会议室	现场指导
内部礼仪	公司内礼仪培训	××月××日 10：00—12：00	公司会议室	课堂讲授+现场指导
日常业务礼仪	礼品礼仪培训	××月××日 13：30—15：30	销售部	课堂讲授
	电话礼仪培训	××月××日 16：00—17：30	销售部	课堂讲授
	接待礼仪培训	××月××日 9：00—11：00	销售部	课堂讲授+情景模拟
	名片礼仪培训	××月××日 13：30—15：00	销售部	课堂讲授+情景模拟
	客户追访礼仪培训	××月××日 15：30—18：00	销售部	课堂讲授+情景模拟
	谈判礼仪培训	××月××日 9．00—11：30	销售部	课堂讲授+情景模拟
	签约礼仪培训	××月××日 13：30—15：00	销售部	课堂讲授+情景模拟

2. 培训讲师的选择

对于销售人员的礼仪培训，培训讲师主要选择外聘专业礼仪培训讲师。

3. 培训注意事项

（1）培训内容的选取要实用，让销售人员能够快速掌握并可以直接应用到销售工作中。

（2）避免呆板化的讲述，要注意课堂气氛，充分调动销售人员的学习积极性。

（3）强化培训纪律，采取一定的奖罚措施以加强培训的效果。

（4）不能让培训流于形式，要加强监督，不断对销售人员的知识掌握程度进行掌控，加强培训效果。

四、培训费用预算

在销售人员进行培训前，还应对培训进行预算，以有效地控制培训成本，合理地分配企业的资源。本次培训费用预算明细见表2。

表2　　销售人员培训费用预算明细表

费用项目	具体费用	费用估算
培训讲师费用	讲师酬劳、交通费用等	×元
培训资料费用	培训教材费、资料印刷费等	×元
培训设施费	培训场地租赁费，室内培训布置费用，计算机、投影仪、音响设备、黑板租用费用等	×元
其他费用	……	×元
费用合计		×元

五、培训考核与评估管理

1. 销售人员礼仪培训考核通过测试法、现场考核法、面试法完成。

2. 人力资源部组织培训人员填写培训人员意见调查表，以作为今后举办类似培训的参考。

编制人员		审核人员		批准人员	
编制日期		审核日期		批准日期	

4.5.4　销售人员沟通技巧培训方案设计

方案名称	××公司销售人员沟通技巧培训方案	编号	
		执行部门	

一、培训目的

为提升销售人员的沟通技能，从而提升销售人员的销售业绩，确保公司经营任务的有效完成，公司特制订本培训方案。

二、培训实施

1. 培训课程设计

为确保销售人员沟通技巧培训的效果，公司特进行了如下课程设计，详见下表。

沟通技巧培训课程设计表

培训课程	主要内容
有效沟通概述	1. 有效沟通的定义 2. 有效沟通的基础 3. 有效沟通的五种态度 4. 有效沟通的关键因素
如何接近客户	1. 电话接近客户的技巧 2. 面对面接近客户的技巧 3. 成功业务拜访的技巧
如何进行产品介绍与展示	1. 产品说明的技巧 2. 产品说明的三段论法 3. 产品展示的类型 4. 产品展示的技巧
怎样进行交易与谈判	1. 交易谈判议程安排技巧 2. 交易谈判前期内容准备 3. 交易谈判开局处理 4. 谈判信息窥测与摸底方法 5. 价格磋商的形式与技巧 6. 谈判僵局的处理
如何促成交易达成	1. 消除心理障碍的方法 2. 促成信号的辨别与时机把握 3. 促成交易的几种方法 4. 价格让步的技巧
如何处理客户异议	1. 客户异议产生的原因分析 2. 处理客户异议的方法与技巧
人际风格与沟通技巧	1. 人际沟通的六大障碍 2. 人际风格的特征与沟通技巧

2. 培训时间选择

销售人员沟通技巧培训的时间，可根据销售部门具体工作安排而定，以不影响销售工作的正常运行为限度。

3. 培训方法选择

公司对于销售人员沟通技巧培训以多媒体教学法、现场演示法、情景模拟法为主，培训讲师可视培训内容需要进行自由选择，以最大限度地调动销售人员参与的积极性。

4. 培训讲师确定

（1）本次对销售人员沟通技巧培训，讲师的选择以外聘讲师为主。

（2）本次培训所聘请的讲师或专家、学者，应具备很强的沟通能力和专长，并具有丰富的销售管理实战经验。

5. 参加培训的销售人员应准时上课，因故不能参加者须办理请假手续。对于旷课、迟到、早退、不专心培训的人员，应参照公司日常奖惩规定进行处罚。

三、培训经费预算

为确保培训的有效实施，公司在沟通技巧培训前编制了培训费用预算，培训费用预算明细如下所示。

1. 培训讲师费用

（1）讲师酬劳费______元。

（2）讲师交通费用______元。

（3）讲师食宿安排费用______元。

2. 培训资料费用

（1）培训教材费______元。

（2）资料印刷费______元。

3. 培训设施费用

（1）培训场地费______元。

（2）室内培训布置和安排费______元。

4. 计算机、投影仪等培训设备使用费______元。

5. 其他费用预计______元。

四、培训评估

1. 在培训结束后，由培训讲师组织情景模拟考试，由培训讲师和销售人员共同打分（培训讲师评分占 60%，销售人员评分占 40%），最终确定培训学员本次培训的最终考核成绩。

2. 人力资源部组织培训人员填写培训人员意见调查表，用作今后举办类似培训的参考。

3. 人力资源部参考销售人员培训后的绩效变动，分析、评估培训成效，之后形成书面报告，经上报审核后分送各部门及有关人员，为下次培训提供参考。

编制人员		审核人员		批准人员	
编制日期		审核日期		批准日期	

第 5 章

生产人员培训管理

生产人员素质的高低、技能的好坏、态度的认真与否直接决定了企业生产效率的高低和企业所提供产品质量的优劣。而产品质量又是企业生存与发展的基础，因此，企业应该着重加强对生产人员的培训，使得生产人员能够熟悉生产技术管理的要领，掌握先进的生产技术和方法，提高生产的效率和市场赢利能力，从而促进企业的发展。

5.1 生产经理培训管理

5.1.1 了解岗位要求

担任企业的生产经理一职，岗位任职者除了需具备一定的相关工作经验外，还需具备相应的知识、素质和能力，具体内容如图 5—1 所示。

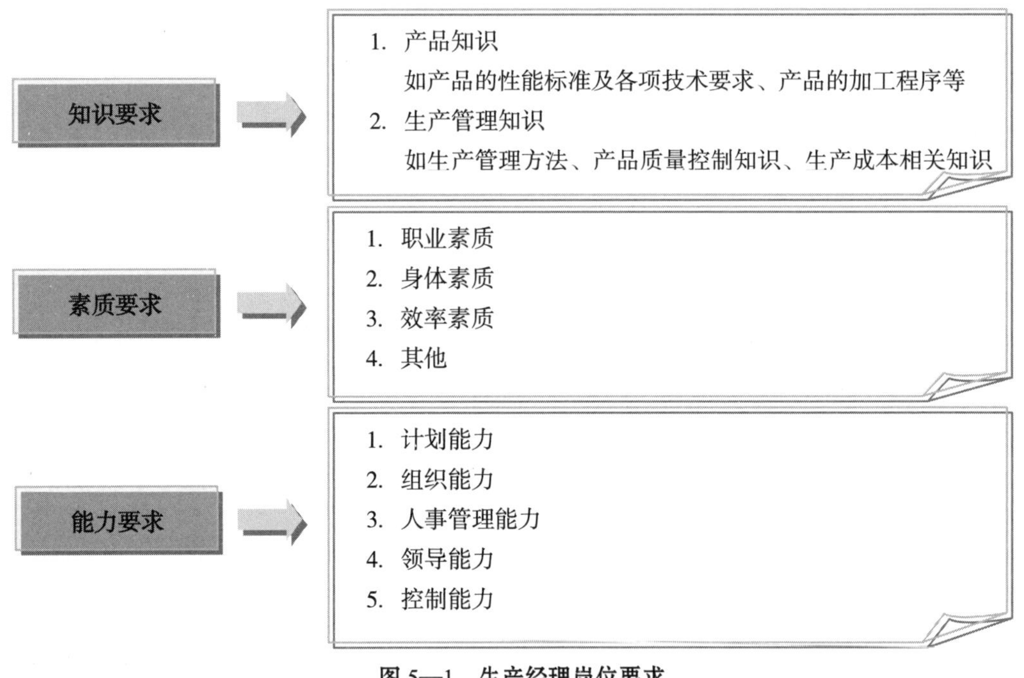

图 5—1 生产经理岗位要求

5.1.2 明确培训目标

在了解生产经理岗位要求的基础上，企业还需对组织、职务、个人三个层面进行分析，以确定其培训需求及目标。

进行培训需求分析的方法有访谈法、问卷调查法、讨论法等。表 5—1 提供了一份某公司生产经理访谈提纲。

表 5—1　××公司生产经理访谈提纲

访谈对象	访谈问题大纲	访谈记录
公司高层领导	您对生产经理的总体评价是什么	
	您理想中最合适的生产经理是什么样	
	您认为生产经理在哪些方面还有待提高	
生产经理本人	您在工作中是否压力过大，有哪些表现	
	您在工作中遇到的最大困难是什么	
	您对于促进部门员工发展采取了哪些措施	
	您如何管理本部门中绩效不好的下属	
	您采用哪些手段提高本部门生产效率	
	您认为本部门还有哪些地方需要完善	
车间主任	举例说明生产经理给您的工作指导	
	若工作中或生活上遇到困难，您向谁求助	
	您认为您的上司在工作中存在哪些不足	

5.1.3　确定培训内容

企业不同的业务战略对企业人力资源，进而对企业的培训提出了不同的需求。如成本领先战略强调以产品总成本最低赢得竞争优势，要求人力资源具有很强的成本控制意识和能力，努力使生产经营管理流程中的每一个环节实现效率最高、成本最低；差异化战略强调以产品的差异化赢得竞争优势，要求人力资源具有敏锐的市场洞察力和独特的研发、设计、制造、营销能力，以满足用户的个性化需求等。

基于此进行培训需求分析，企业培训管理部门着手制订培训计划从而确定培训内容。表 5—2、表 5—3 是两家制造企业为生产经理培训所设计的培训内容。

表 5—2　　某制造企业生产经理培训内容

学习目标：
1. 理解生产经理的定位与岗位职责
2. 了解生产经理的工作要求及处理方法

培训项目	培训内容
生产经理的角色定位	1. 生产经理的职责 2. 生产经理的素质与岗位技能要求
生产计划管理	1. 销售计划与生产计划的协调 2. 生产能力分析 3. 生产计划分解与下达
材料采购与仓储管理	1. 材料计划与存量管理 2. 材料采购作业 3. 库存管理 4. 呆滞料管理
生产现场管理	1. 5S 管理 2. 目视管理 3. 看板管理
生产作业控制	1. 生产质量控制 2. 生产成本控制 3. 生产设备控制
生产安全管理	1. 安全事故的原因分析 2. 安全管理措施的落实 3. 安全日常管理
生产人力资源管理	1. 生产组织结构的建立 2. 部门职能划分 3. 班组建设 4. 生产人员的绩效考核管理

表 5—3　　××公司生产经理培训课程设计

学习目标：
1. 掌握精益生产管理的要点和精益生产系统的实施方法
2. 学会如何降低生产成本，提高效率及企业赢利能力
3. 学会如何通过预测和计划来降低运作成本，提高客户满意度
4. 学会利用生产过程中的设计、管理、改进等方法，提高企业竞争能力

续表

培训项目	培训内容
生产效率与生产规划	1. 效率化与产能管理概述 2. 效率改善的基础与改善方向 3. 制造程序分析与改善 4. 动作效率分析与改善 5. 作业效率分析与改善 6. 标准工时测定与生产线平衡 7. 识别现场的成本浪费现象
生产成本管理与控制	1. 成本基础 2. 削减人工成本 3. 削减采购成本 4. 削减库存成本 5. 削减质量成本 6. 削减制造费用
精益生产理论与实务	1. 精益生产系统介绍 2. 精益生产管理的要点 3. 精益生产系统的实施 4. 研讨与案例分享

通过对生产经理职位所需要的各项基本管理技能进行培训，全方位提升生产经理素质，从而不断提高本部门的生产效率和产品质量、增强企业的市场竞争力。

5.1.4　选择培训方法

对于生产经理的培训，不能单纯采用课堂讲授、案例研究等传统培训方法。其方法选择应该更加灵活、多样，并且在培训时间安排上，应有更大的弹性。表 5—4 为常用的生产经理培训方法。

表 5—4　常用的生产经理培训方法

培训方法	培训内容	学员活动	辅助设备
T 小组训练（敏感性训练）	冲突管理的模拟环境和处理办法、沟通方法和技巧培训等	沟通、倾听	—
脱产培训	新生产技术、现代化生产管理等	参加高级研修班、出国考察和学习	—

续表

培训方法	培训内容	学员活动	辅助设备
小组讨论法	生产面临问题、市场环境变化、生产成本的控制与管理、生产效率的提高方法等	听讲、讨论	白板、白板笔
案例研究法	精益生产系统案例分享、生产效率提高方法研究、团队合作与工作技巧等	讨论、经验分享	投影仪
多媒体远程培训	如何成为优秀的生产管理者、如何对下属进行有效管理等	观看、分析讨论	计算机、投影仪
课堂讲授法	效率化与产能管理、效率改善基础与方向、动作与作业效率分析和改善、标准工时测定与生产线平衡等	听讲、提问	白板、白板笔

5.1.5 设计培训方案

方案名称	××公司生产经理培训方案	编号	
		执行部门	

一、培训目的

不断提高本公司生产经理管理技能，改善生产经理的管理方法，提高生产部门的生产效率和质量。

二、培训准备与实施

1. 培训需求分析调查

在培训开展前，人力资源部首先对生产经理的工作行为进行观察，了解其工作表现；通过对生产经理的上级、下级及生产经理本人进行访谈，了解、分析生产经理的培训需求，最终确定生产经理的培训需求。

2. 制订培训实施计划

为确保培训的顺利实施，人力资源部对生产经理培训制订了详细的计划（见表1）。

表1　　生产经理培训实施计划表

日程	时间安排	培训内容	培训方式	培训讲师	培训地点
第一天	10：00—12：00	如何从控制型领导转变为教练型领导	课堂讲授	培训专家	培训学校
	14：00—16：00	生产现场的数据管理	现场讲授	培训专家	培训学校
	18：00—20：00	现场管理中的标准化	案例分析	培训专家	培训学校
第二天	10：00—12：00	跨部门合作与现场持续改善	课堂讲授	外聘讲师	公司会议室
	14：00—16：00	基于合作的生产效率改善	小组讨论	外聘讲师	公司会议室

续表

日程	时间安排	培训内容	培训方式	培训讲师	培训地点
第二天	18：00—20：00	生产现场管理方法	视频录像	外聘讲师	公司会议室
第三天	10：00—12：00	如何培训生产部门基层领导	课堂讲授	培训专家	培训学校
	14：00—16：00	如何培养生产人员职业化思维与职业心态	课堂讲授	培训专家	培训学校

3. 培训费用预算

为确保培训有效进行，人力资源部对制订的培训计划做了详细预算（见表 2）。

表 2　　生产经理培训预算表

培训费用项目	费用估算明细
教材资料费	×元
讲师课时费	×元
讲师交通费	×元
培训场地租金	×元
培训设备租金	×元
培训食宿费	×元
费用总计	×元

4. 培训纪律

在培训期间，生产经理需遵守公司相关培训制度，以下三点尤为重要。

（1）培训课堂上，需要将通信工具调为振动状态，避免影响其他培训成员。

（2）保证课堂纪律，不在上课期间抽烟，不在教室中随便走动。

（3）若无特殊情况，生产经理不得缺席培训，如有其他工作安排确实无法参加培训者，生产经理需直接与人力资源部经理进行联系，由人力资源部对此进行协调。

三、培训评估与反馈

培训实施结束后，人力资源部对培训工作进行评估，主要包含对培训效果的评估、对培训组织者的评估、对培训讲师的评估等，从中找出问题，下次予以改进。

培训评估方法可采用问卷调查法、成本收益分析法、观察法等。

编制人员		审核人员		批准人员	
编制日期		审核日期		批准日期	

5.2 车间主任培训管理

在生产型企业中，车间主任既要带领团队完成各项生产任务，又要进行生产现场进度、质量、成本、人员的控制。作为生产管理的现场管理者和企业生产的直接参与者，如何使车间主任掌握现代化的生产技能、管理知识和管理方法，对提高企业的市场竞争力具有重要的意义。

5.2.1 明确培训需求

1. 组织层面分析

对车间主任培训需求组织层面的分析主要是从企业的角度出发，分析并确定其培训需求，分析的内容如图5—2所示。

企业发展战略	企业整体绩效状况	企业动态因素	其他
培训要服务于企业的战略，例如“精细化管理年”“质量改善年”等，与企业年度规划主题相符，此类培训也便于获得企业高层及直线经理的支持	培训需求分析必须从企业存在的实际绩效问题入手，可以通过数据收集的方法，了解车间的产品合格率、事故发生率、成本率、交货期等主要指标，通过这些数据可以了解存在的问题，层层剖析，找到问题的核心所在	相对于往年，发生了哪些与车间管理相关的变化，例如，新车间主任晋升到岗、引进了一套新的系统或者技术、国家提高了对产品质量的要求等，这些都会产生新的培训需求	—

图5—2 车间主任培训需求组织层面分析的内容

2. 工作层面分析

对车间主任培训需求工作层面的分析可以通过对工作说明书、工作日志、工作绩效等原有资料的分析，以及对车间主任做相关调查和访谈，来确定其培训需求。

3. 个人层面分析

对车间主任培训需求个人层面的分析主要是对车间主任的工作背景、年龄、个性、知识、能力等进行分析，其中个人能力分析是培训需求分析的重点。表5—5是从车间主任必备能力角度设计的调查表。

表5—5　　车间主任培训需求调查表

核心能力	行为表现	缺乏	改善	有效	发展	优秀
生产组织能力	根据生产任务重要、紧急程度安排生产					
	协调车间内人员、物资、设备的使用					
	组织车间内部设备的调试及安全运营					
	组织建立车间设备档案，并定期进行检查					
安全管理能力	对车间人员进行安全教育，防止事故发生					
	对引发安全隐患部位、生产过程进行处理					
	对突发性安全事件给予及时、妥善处理					
计划执行能力	根据企业和上级要求，制定车间工作目标					
	将工作目标分解为详细操作步骤和方案					
	评估实现目标所需的各类资源					
	监督各项生产计划的执行					
教练能力	对下属的潜能和前途进行准确预测与评价					
	对车间内员工进行详细技术指导和示范					
	针对下属不同的特点采用不同的指导方式					
沟通能力	使用清晰的语言进行表达及演说					
	仔细聆听，善于回应他人的感受					
	与人交流，传递有利于企业发展的信息					
人才培养能力	了解员工个人能力，恰当安排工作和职位					
	能对本车间人员的工作进行合理有效的指导					
说明："缺乏"表示"这方面能力比较缺乏，或不了解"；"改善"表示"对这方面能力有所了解，但还没有完全掌握"；"有效"表示"这方面能力已基本掌握，并基本能够应用"；"发展"表示"这方面能力已能够熟练运用，但有时还有困惑，还需要提高"；"优秀"表示"这方面能力已非常熟练，并能应付自如"。						

注：本问卷可以由车间主任本人打分，也可由其上级和同事来打分，以作为分析培训发展需求的参考资料。

5.2.2 设置培训内容

作为车间内部管理者，车间主任必须掌握先进的工作方法，讲究必要的领导艺术，培养出高效的生产团队，才能提高产品品质，降低产品成本，改善工作环境，从而取得事半功倍的效果，为企业赢得市场竞争力。因此，为其设置的培训内容应包含工作所需掌握的各个方面技能。表 5—6 是某生产企业所设计的车间主任培训内容。

表 5—6 车间主任培训内容设计

培训重点：

讲授车间主任必备技能点，注重现场实际操作训练与实践能力提升；通过训练，改变管理行为，提升管理技能

培训项目	培训课程内容
车间主任的角色认知与职责	1. 车间主任的职责 2. 车间主任在企业中的地位与作用 3. 车间主任的角色认知
生产作业管理	1. 如何制订一份高效的计划 2. 生产作业的计划与控制方法 3. 车间人员安全生产管理 4. 相关安全生产法律法规培训
物料管理	1. 库存管理 2. 物料不良的处理 3. 辅助物料的管理
生产成本控制	1. 识别现场的成本浪费现象 2. 现场成本浪费的分析及对策 3. 实施成本控制的方法和步骤
生产效率提升	1. 效率低下的各种因素分析 2. 效率提升工具运用
生产现场管理	1. 现场管理的五要素 2. 现场管理常用的三大工具 3. 现场管理的实施方法
机器设备管理	1. 机器设备的使用、点检及保养 2. 设备管理程序 3. 发生故障时的处理方法
如何有效地推进车间管理工作	1. 企业战略目标细化 2. 明确生产绩效的常用指标

续表

培训项目	培训课程内容
精细化管理	1. 如何有效推进精细化生产管理工作 2. 如何精细化生产计划管理与异常控制
生产车间人员管理	1. 员工培训管理 2. 员工激励管理
管理技能提升	1. 领导力培训 2. 执行力培训 3. 管理者的有效沟通

5.2.3　选择培训方法

在对车间主任进行培训中，培训方法不应仅局限于课堂讲授，而可以采取多种方式灵活运用。表 5—7 提供了五种常用车间主任培训方法。

表 5—7　　常用的车间主任培训方法

培训方法	操作介绍	注意事项
短期培训法	通过短期学习班、专题讨论等形式让车间主任对新研究成果或问题进行学习和探讨	为增强培训效果，可在学习理论的基础上，对实践中存在的问题加以讨论分析
案例研究法	由培训讲师提供一些案例，车间主任对案例中存在的问题进行讨论分析，并提出解决方案	培训讲师在整个过程中，对车间主任提出的解决方案给出评价，并提供个别指导
角色扮演法	车间主任在培训讲师的指导下，在模拟的环境中扮演在车间主任岗位中需要担任的角色	角色扮演不应进行事前排练
课堂讲授法	培训讲师通过课堂讲授方式对车间主任进行培训	课堂讲授法与图示、音像资料等结合使用，效果会更好
多媒体教学法	将以往同岗位人员工作过程录制下来，供车间主任学习和讨论	运用多媒体教学法进行培训时，需特别注意培训设备的准备工作，确保设备运行状态正常

5.2.4 选取评估方法

1. 测试法

测试法是指采用笔试的形式将有关生产的知识设计成填空题、判断题、选择题、问答题等方式来检验受训人员培训效果的一种评估方法。

2. 问卷调查法

问卷调查表是问卷调查法的常用工具之一，而培训跟踪调查评估表则可用于全程监控培训的所有过程，实时记录培训的进展及车间主任对培训的反馈结果。表 5—8 提供了一份培训跟踪调查评估表的样本。

表 5—8 培训跟踪调查评估表

<table>
<tr><td>培训项目</td><td colspan="2"></td><td>培训实施单位</td><td></td><td>培训实施时间</td><td></td></tr>
<tr><td rowspan="3">实施前评价</td><td>培训目标</td><td colspan="5"></td></tr>
<tr><td>预期结果</td><td colspan="5"></td></tr>
<tr><td>满意度评分</td><td colspan="5">□5（优） □4（良） □3（一般） □2（差） □1（很差）</td></tr>
<tr><td rowspan="12">实施中评价</td><td rowspan="12">培训方法</td><td colspan="2" rowspan="3">演讲法</td><td>主讲人</td><td colspan="2"></td></tr>
<tr><td>视听媒介</td><td colspan="2"></td></tr>
<tr><td>评分</td><td colspan="2">□5 □4 □3 □2 □1</td></tr>
<tr><td colspan="2" rowspan="3">小组讨论法</td><td>主题</td><td colspan="2"></td></tr>
<tr><td>主要观点</td><td colspan="2"></td></tr>
<tr><td>评分</td><td colspan="2">□5 □4 □3 □2 □1</td></tr>
<tr><td colspan="2" rowspan="3">案例研究法</td><td>案例来源</td><td colspan="2"></td></tr>
<tr><td>研究重点</td><td colspan="2"></td></tr>
<tr><td>评分</td><td colspan="2">□5 □4 □3 □2 □1</td></tr>
<tr><td colspan="2" rowspan="3">游戏法</td><td>游戏主题</td><td colspan="2"></td></tr>
<tr><td>结论</td><td colspan="2"></td></tr>
<tr><td>评分</td><td colspan="2">□5 □4 □3 □2 □1</td></tr>
</table>

续表

<table>
<tr><td rowspan="2">实施中评价</td><td>综合满意度评分</td><td>□5（优）　□4（良）　□3（一般）　□2（差）　□1（很差）</td></tr>
<tr><td>培训人员对培训课程的参与情况</td><td>□5（优）　□4（良）　□3（一般）　□2（差）　□1（很差）</td></tr>
<tr><td rowspan="4">实施后评价</td><td>参与培训的积极性</td><td>□5（优）　□4（良）　□3（一般）　□2（差）　□1（很差）</td></tr>
<tr><td>讲师评估</td><td>1. 专业水平和培训经验（　　）
2. 教学内容、培训目标阐述的明确性（　　）
3. 培训技巧（　　）</td></tr>
<tr><td>组织评估</td><td>1. 培训场地的选择（　　）
2. 培训实施的时间安排（　　）
3. 培训所需资料、工具、设备的准备工作的满意度（　　）</td></tr>
<tr><td>效果评估</td><td>1. 评估方式________；评估结果说明________
2. 评估方式________；评估结果说明________
3. 评估方式________；评估结果说明________</td></tr>
<tr><td>改进意见</td><td colspan="2"></td></tr>
</table>

5.2.5　设计培训方案

<table>
<tr><td rowspan="2">方案名称</td><td rowspan="2">××公司车间主任培训方案</td><td>编号</td><td></td></tr>
<tr><td>执行部门</td><td></td></tr>
<tr><td colspan="4">
一、培训目标
公司此次对车间主任进行培训，需要达到的培训目标主要有以下四点：
1. 准确定位自身角色；
2. 让车间主任掌握解决生产问题的工具和方法，提升班组运作管理能力；
3. 让车间主任了解开展精细化生产，以不断提高企业的生产效率；
4. 让车间主任掌握员工激励方法，有效指导车间生产人员开展工作。
二、培训计划
1. 培训内容
公司根据车间主任自身情况及其对培训的实际需求状况最终确定了如下表所示的培训内容。
</td></tr>
</table>

车间主任培训内容安排表

课程项目	具体内容	培训方式	培训讲师	培训工具
生产管理知识	现代生产管理系统	课堂讲授	外聘讲师	白板、投影仪
	现代生产物料控制	课堂讲授	外聘讲师	白板、投影仪
	现代生产计划管理	课堂讲授	外聘讲师	白板、投影仪
	现代生产存货管理	课堂讲授	外聘讲师	白板、投影仪
	品质管理	课堂讲授	生产经理	印刷材料、白板
	5S 管理	案例研究	生产经理	印刷材料、白板
	生产安全管理	案例研究	生产经理	印刷材料、白板
管理能力	领导力开发	角色扮演	外聘讲师	印刷材料、录像机
	操作工人日常管理	案例研究	生产经理	印刷材料、投影仪
	生产车间团队建设	培训游戏	外聘讲师	白板、录像机
	员工培训与激励	培训游戏	外聘讲师	白板、录像机

2. 培训时间

为确保培训工作不影响公司的正常生产活动，在广泛征求车间主任意见的基础上，经总经理审批后，人力资源部将车间主任培训时间定为××月××日—××月××日每晚 7：00—9：00。为了调动车间主任参与培训的积极性，除将培训考勤和考核结果作为年度考核指标之外，还给予每人每天××元补贴。

3. 培训地点

由于在车间主任培训过程中，需使用投影仪、录像机、白板等培训设备，且培训游戏的开展也需要安静的环境和相对广阔的空间，因此公司决定将二楼会议室作为全程培训地点。

三、培训实施

1. 培训准备

在培训实施前，人力资源部需做好如下准备工作：

（1）确保培训会议室内各项培训设备完好。

（2）做好课程分类与资料收集。

（3）协助培训讲师和生产经理做好培训讲义的分发。

（4）做好培训游戏中道具的准备。

（5）准备培训考勤登记表。

2. 组织管理

（1）发布培训通知

人力资源部在培训开展前一周向车间主任发布培训通知单，以便于车间主任提早安排时间，做好培训准备。

（2）做好培训记录

人力资源部应对车间主任出勤、学习状况等进行记录，以便于培训后对培训效果进行评估。

（3）后勤保障工作

人力资源部还应在培训期间做好交通、培训安全等后勤保障工作，以确保培训工作的顺利进行。

四、培训评估

1. 车间主任培训考核需通过关键业绩法、问卷调查法、测试法完成。
2. 人力资源部负责此次培训评估效果报告的撰写。

编制人员		审核人员		批准人员	
编制日期		审核日期		批准日期	

5.3　生产操作人员培训管理

5.3.1　分析培训需求

为摸准培训需求，做到有的放矢，企业可以采取多种方式对生产操作人员进行培训需求的调查分析，如通过发放培训需求调查表的方式进行调查；采用管理人员或培训组织人员与员工面谈的方式来了解其培训需求；定期召开由管理人员、班组长参加的生产部（车间、班组）的培训工作会议，评估各岗位生产操作人员技能水平上的差距，找出薄弱环节；根据公司的生产经营计划和发展规划预测培训需求等。

1. 问卷调查法

在对生产操作人员进行培训需求分析时，问卷调查法是最常用的方法之一。表 5—9 是为生产操作人员培训需求分析所设计的问卷调查表的样本。

表 5—9　　××公司生产操作人员培训需求问卷调查表

姓名：	工作岗位：	在岗时间：
为了提高生产操作人员的素质技能，公司人力资源部特设计了如下问卷，来了解您在生产工作中遇到的问题和困难，以期双方共同寻求最佳的解决方案。 请您在填写问卷中，确保填写信息全面、真实。谢谢您的合作！ **一、基本情况** 姓名________　性别______　学历________ 工作岗位________　入职时间________		

二、调查内容

1. 您对本行业、本公司的生产安全知识的熟悉程度
   □熟悉　　□一般　　□不熟悉
2. 在生产中，您能否严格执行安全生产的各项要求
   □完全能　　□基本能　　□不能
3. 您对本行业、本公司的产品质量要求是否熟悉
   □熟悉　　□一般　　□不熟悉
4. 在生产中，您能否严格执行产品质量控制的各项规定
   □完全能　　□基本能　　□不能
5. 您对公司的生产工作流程和工作标准的熟悉程度
   □熟悉　　□一般　　□不熟悉
6. 您能否及时发现和处理生产中出现的危险征兆
   □完全能　　□基本能　　□不能
7. 您是否熟悉公司安全设施、防护用品的使用和基本维护方法
   □熟悉　　□一般　　□不熟悉
8. 您是否熟悉生产设备的使用与维护方法
   □熟悉　　□一般　　□不熟悉
9. 您是否具备在生产中进行技术创新和改造的能力
   □完全具备　□基本具备　□不具备
10. 您在生产中是否关注同类新产品的开发，并及时向车间主任提出相关建议
   □经常能　　□极少

三、培训建议

1. 您认为比较理想的培训方式有
   □课堂讲授　□小组讨论　□角色扮演　□户外拓展训练　□游戏训练　□现场指导
   □其他__________
2. 您认为最为理想的培训时间是
   □上班时间　□休息日　　□下班后　　□无所谓
3. 您认为最为理想的培训频率是
   □每周一次　□每月一次　□每季度一次　□无所谓
4. 其他需说明的内容__________________________

2. 访谈法

在对生产操作人员进行基本的问卷调查后，还应选择具有代表性的生产操作人员进行详细访谈，以确认所收集信息的准确性。常用的访谈记录表见表 5—10。

表 5—10　　访谈记录表

访谈对象		访谈地点	
访谈时间		记录人	
访谈记录			
访谈内容	记录要点		
描述一下您的工作流程			
您所在岗位所需要的专业知识			
您所在岗位所需要的技术、技能			
在工作中您认为存在哪些不足			
目前工作中您最需要解决的问题			
您认为生产设备应如何保养			
您认为应如何避免生产事故的发生			
……			
备注说明			
1. 2.			

3. 观察法

在对生产操作人员进行问卷调查和详细访谈之后，还应通过观察法来获取更多的培训信息，培训观察记录表见表 5—11。

表 5—11　　公司培训观察记录表

观察对象：　　工作岗位：　　观察地点：

观察内容记录					
观察内容	优秀	良好	一般	较差	很差
对生产纪律的遵守情况					
对生产流程的执行情况					
生产中对突发事件的处理情况					

续表

观察内容	优秀	良好	一般	较差	很差
对生产现场的整理情况					
生产安全意识					
生产成本意识					
整体工作状态					
需要改进的地方说明					
1. 2.					

5.3.2 设计培训内容

1. 明确生产操作人员培训内容的重点

对生产一线操作人员的培训，主要可以围绕以下三方面内容来设计培训内容：

（1）生产操作人员在相关生产知识领域的培训。

（2）生产操作人员在生产过程中的技巧与能力培训。

（3）生产操作人员的态度培训。

2. 设计生产操作人员培训内容

生产操作人员培训课程设置应视企业的发展战略需要，并结合生产操作人员的培训需求与目标进行内容设置。表 5—12 是某企业为一线生产操作人员所设计的培训课程。

表 5—12　　生产操作人员培训课程设计

培训项目	培训课程内容
生产现场管理	1. 现场生产计划管理 2. 现场作业环境管理 3. 生产作业流程管理 4. 生产工作标准培训
产品品质管理	1. 如何识别质量问题 2. 如何运用品管圈活动改进质量管理 3. 质量改善

续表

培训项目	培训课程内容
设备管理	1. 设备使用管理 2. 设备故障预防 3. 设备日常维护管理
安全教育	1. 安全生产管理基本知识 2. 安全生产技术管理 3. 行业安全生产法律法规 4. 公司安全生产规章制度、操作规程和劳动纪律 5. 公司安全设施、防护用品的使用和基本维护要求 6. 员工工伤保险相关知识 7. 安全生产事故案例分析
员工素质能力提升	1. 沟通能力培训 2. 时间管理培训

5.3.3 实施培训计划

根据公司业务发展和员工培训需求制订总体培训计划,逐级分解并制定相关保障措施以确保培训工作的顺利进行。对生产操作人员的培训可以采取以生产部门(车间、班组)内部培训和公司统一集中培训两种方式相结合的方式进行。

1. 确定培训时间

企业在对生产操作人员进行培训时应慎重选择培训时间,否则会造成培训效果的降低和培训资源的浪费。通常在如图 5—3 所示的情况下,企业可选择对生产操作人员进行培训。

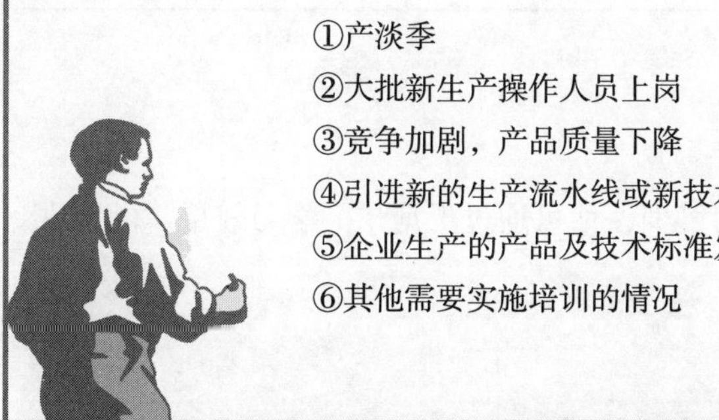

①产淡季
②大批新生产操作人员上岗
③竞争加剧,产品质量下降
④引进新的生产流水线或新技术
⑤企业生产的产品及技术标准发生变更
⑥其他需要实施培训的情况

图 5—3　生产操作人员培训时间选择

2. 选用培训讲师

企业在对生产操作人员培训时，培训讲师的选择应视企业的实际情况及培训内容等因素而定。生产经理、生产主管、生产技术能手、外聘生产领域内的专家等均可作为生产部门的培训讲师。

3. 选择培训方法

在培训方法的选择上，应根据培训内容及企业实际情况采用灵活多样的培训形式，如采用课堂讲授法、技术讲座、现场演示法、工作指导法、多媒体教学法等方式相互结合，重在取得实效。相关的培训方法介绍见表5—13。

表5—13　生产操作人员常用培训方法介绍

培训方法	实施介绍	适用范围
课堂讲授法	由生产专家或生产技术能手讲解生产知识，操作人员可接受大量知识	生产技术原理、生产知识、标准、质量要求、操作技巧、操作人员心态及职业素养培训等
技术讲座	以讲座的形式介绍生产技术方面的知识	—
现场演示法	培训讲师在生产车间进行现场讲解和演示。优点是直观，能增强生产操作人员的培训感受；缺点是耗时长，容易造成机械模仿	生产过程中具体的操作技巧与操作规范的展示
工作指导法	由指定人员对生产操作人员进行一对一指导，可将理论与实践进行快速的结合	一般用于新进生产操作人员的培训
多媒体教学法	通过多媒体将图片、视频演示等信息具体形象地展现出来的一种培训方式，供受训人员学习	操作标准培训、工艺流程培训、质量管理培训、安全教育培训等

5.3.4 评估培训效果

通常情况下，对生产操作人员的培训评估可通过反应层、学习效果、行为改变、培训效果四个层次进行。

1. 反应层评估

生产操作人员反应层评估是指收集生产操作人员对培训讲师、培训内容、教学方法、培训设备和材料等各方面的反应情况，并进行综合评价。反应层评估中常用的评估方法为问卷调查法。评估表见表 5—14。

表 5—14　　生产操作人员反应层培训效果评估表

课程名称		培训讲师	
学员姓名		所属部门	
对培训内容的评估			
知识性	1. 有系统的理论，能联系工作实际，让学员易学易懂 2. 理论知识丰富，能够注重知识的体系与内容 3. 理论知识一般，基本能考虑到知识的体系 4. 理论知识深奥，学员难以理解 5. 理论知识过多，有些不切实际	5 分 4 分 3 分 2 分 1 分	
适用性	1. 培训内容能够密切联系工作需要，具有很强的指导性 2. 培训内容较为关注工作需要，具有较强的指导性 3. 培训内容与工作具有一定的联系，具有一定的指导性 4. 培训内容基本联系工作需要，可以作为参考 5. 培训内容与实际工作联系较少，仅能提供参考	5 分 4 分 3 分 2 分 1 分	
系统性	1. 培训内容系统清晰，各部分内容紧密联系 2. 培训各部分内容有较强的相关性和连贯性 3. 培训内容具有一定相关性，缺乏连贯性 4. 培训各部分内容相互独立，基本没有联系 5. 培训内容杂乱无章	5 分 4 分 3 分 2 分 1 分	
对培训讲师的评估			
授课质量	1. 内容表达清晰准确，能使学员迅速接受、理解并掌握 2. 内容表达较为清晰，学员能接受信息，基本理解 3. 内容表达清楚，学员基本上能接受信息 4. 内容表达逻辑性差，学员能接受信息，但较难理解 5. 内容表达缺乏逻辑，影响信息的接收	5 分 4 分 3 分 2 分 1 分	
培训相关准备工作	1. 培训材料准备充分，培训设备使用熟练，授课内容熟练 2. 培训材料准备较为充分，培训设备使用、授课内容较熟练 3. 基本熟悉培训设备使用和培训课程的内容 4. 培训材料准备较不充分，设备使用和授课内容的熟悉度差 5. 对培训设备和授课内容均不熟悉	5 分 4 分 3 分 2 分 1 分	

续表

对培训组织工作安排的评估		
培训安排	1. 培训时间安排合理，组织工作充分到位 2. 培训时间安排较为合理，组织工作较为充分 3. 培训时间安排基本合理，组织工作基本到位 4. 培训时间的合理性差，组织工作不到位 5. 培训时间缺乏合理性，组织工作很不到位	5分 4分 3分 2分 1分
培训场地	1. 培训场地安排恰当，培训设备位置摆放合理 2. 培训场地安排较恰当，培训设备位置摆放较为合理 3. 培训场地安排基本恰当，培训设备位置摆放基本合理 4. 培训场地安排存在缺陷，培训设备位置摆放存在较多问题 5. 培训场地安排非常不恰当，培训设备位置摆放很不合理	5分 4分 3分 2分 1分
培训评估总分		

2. 学习效果评估

学习效果评估主要是着眼于生产操作人员从培训中学到哪些生产知识，以及对知识的掌握程度，从而分析培训内容和方法对生产操作人员是否合适，评估培训是否达到了培训目标的要求。这一层次的评估可通过测试、操作模拟、讲师评价等方式进行。图 5—4 是一份质量管理培训测试题示例。

3. 行为改变评估

行为改变评估主要是衡量培训是否给生产操作人员的行为带来改变。评价培训的效果应该看生产操作人员在接受培训后工作行为发生了哪些良性的、可观察到的变化，这种变化越大说明培训效果越明显。

行为改变评估主要通过对受训人员的观察、车间主任对其的评价、客户的评价、同事的评价等方式收集相关信息，具体方法有问卷调查法、面谈法、观察法等。

一、填空题（每题 5 分，共 20 分）

1. 现代品质管理体系由________、________、________组成。

2. 质量管理标准是指____；其内容一般包括____________、____________、____________、____________等。

3. QC 的七大工具是指________、________、________、________、________、________、________。

4. __________是产品质量的直接形成过程。

二、判断题（每题 6 分，共 30 分）

1. "符合标准"就是合格的产品质量。（　）

2. 采用新技术，增加产品的性能和功能，均能提高产品质量。（　）

3. 有缺陷的产品都是不合格产品。（　）

4. 异常波动是由随机原因引起的产品质量波动。（　）

5. 质量改进是质量管理的一部分，致力于增强满足质量要求的能力。（　）

三、简答题（每题 10 分，共 50 分）

1. 简述良好品质的七个要求。

2. 简述样品检验的流程和方法。

3. 简述工序品质控制的流程与关键点。

4. 简述防止品质不良的六大措施。

5. 阐述常见的品质事故及处理办法。

图 5—4　××公司为质量管理培训设计的测试题

4. 培训效果评估

培训效果评估主要是通过分析生产操作人员培训对企业的生产经营成果具有哪些贡献来评估培训的效果，它通常可用生产效率、产品次品率、成本降低率等指标进行衡量。

5.3.5 设计培训方案

<table>
<tr><td rowspan="2">方案名称</td><td rowspan="2">××公司生产操作人员培训方案</td><td>编号</td><td></td></tr>
<tr><td>执行部门</td><td></td></tr>
<tr><td colspan="4">为提高培训的针对性和有效性，人力资源部在组织开展培训前，对公司一线共 236 名生产操作人员全部进行问卷调查，然后挑选 15 名具有代表性的生产操作人员进行重点访谈，最后对 7 名生产操作人员进行实地观察，并最终确定生产操作人员的培训需求。</td></tr>
</table>

一、明确培训目标

在明确培训需求的基础上，本公司拟订此次培训的目标是通过培训提高生产操作人员的素质、操作技能、工作态度，使生产操作人员能够融入公司的企业文化氛围，保证公司的生产质量、生产进度，确保生产安全，减少公司生产中成本的浪费。

二、制订培训计划

通用技术、技能培训由人力资源部负责制订计划、实施方案并组织生产操作人员统一集中办班培训。不同生产装置的专项操作技能由各生产部（车间、班组）组织进行培训。

1. 培训方案

为确保公司培训工作能够有条不紊地实施，人力资源部在充分进行培训需求调查的基础上，编制了培训计划表。其内容包含了培训时间、培训地点、培训内容、培训讲师等内容（具体见表1）。

表1　　××公司生产操作人员培训计划表

培训时间		培训地点	培训内容	培训讲师	资料设备
第一天	8：30—10：00	公司会议室	讲解行业标准	技术部经理	教材、录像
	10：30—12：00	公司会议室	生产质量管理	技术部经理	教材、录像
	13：00—15：00	生产车间	生产现场管理	技术能手	—
	15：30—17：30	生产车间	生产操作标准与技巧	车间主任	—
第二天	8：30—10：00	生产车间	生产设备管理	生产主管	—
	10：30—12：00	生产车间	生产常见问题解决办法	技术部经理	—
	13：00—15：00	公司会议室	生产安全管理	车间主任	教材、投影仪
	15：30—17：30	公司会议室	时间管理	车间主任	教材、投影仪
第三天	8：30—10：00	公司会议室	团队协作管理	人力资源部经理	多媒体设备
	10：30—12：00	公司会议室	生产操作人员心态培训	人力资源部经理	多媒体设备
	13：00—15：00	公司会议室	职业素养培训	人力资源部经理	多媒体设备

说明：1. 培训时间为××年××月××日—××年××月××日，总计6天。

2. 为确保公司生产活动的正常进行，生产部将生产操作人员分为两组，第一组培训时间为前3天，第二组培训时间为后3天，内容安排完全一致。

2. 培训方法

针对上述培训计划内容，培训将采取不同的方法进行（详见表 2）。

表 2　　　　生产操作人员培训方法选择

培训方法	操作介绍	培训内容
课堂讲授法	由技术部经理、人力资源部经理或车间主任在课堂中讲解培训知识	讲解行业标准、团队协作管理、职业素养等
演示法	由车间主任在生产车间边讲解、边演示	设备管理、生产现场管理
工作指导法	由技术能手或车间主任对生产操作人员进行一对一指导	生产操作标准与技巧、生产常见问题解决办法
录像与多媒体教学法	通过录像、多媒体等资料设备对生产操作人员进行培训和指导	生产安全管理、时间管理、生产质量管理等

三、培训计划实施

1. 做好培训准备

（1）检查培训环境是否存在安全隐患。

（2）检查培训工具能否正常使用。

（3）人力资源部培训组织人员协助培训讲师做好培训工作的相关准备。

2. 发布培训通知

公司在编制生产操作人员培训计划表后，在培训开始前 3 天发布培训通知，以便生产操作人员提前进行时间安排和相关准备工作。图 1 为某公司培训通知样本。

3. 制定培训纪律

为更好对培训对象进行约束，提高培训效率，营造良好的互动气氛，公司还制定了生产操作人员培训中应遵守的培训纪律，详见公司《培训纪律及考勤规定》。

4. 做好培训记录

人力资源部应对生产操作人员的培训状态进行记录，如受训员工的出勤、学习状况等，以便于培训结束后对培训效果进行评估和反馈。

四、培训效果评估

生产操作人员培训考核需通过测试法、关键业绩法、问卷调查法、观察法完成，相关工具在此略。

× ×公司生产操作人员培训通知

各位员工：

欢迎参加公司第× ×期操作人员培训！

公司定于____年____月____日至____年____月____日对生产部门一线操作人员进行培训，请参加培训的员工务必准时到场。

培训的具体内容安排如下所示。

	时间	项目	备注
培训安排	8：15—8：30	签到	× ×日培训地点为公司二楼会议室 × ×日培训地点为公司的生产车间 × ×日培训地点为公司二楼会议室
	8：30—10：00	培训	
	10：00—10：20	休息	
	10：20—12：00	培训	
	12：00—13：15	午餐	
	13：15—13：30	签到	
	13：30—15：30	培训	
	15：30—15：50	休息	
	15：50—17：30	培训	

人力资源部

年　　月　　日

图1　培训通知

编制人员		审核人员		批准人员	
编制日期		审核日期		批准日期	

第 6 章

技术及研发人员培训管理

随着科学技术的不断进步，技术及研发人员的培训与发展对企业的生存与发展都具有举足轻重的作用。

对技术人员和研发人员进行培训，既能培养他们对企业的归属感，又有助于提高他们的技术水平及工作效率，同时还有利于增强企业的技术优势，提高企业的市场竞争力。

6.1 技术人员培训管理

6.1.1 分析培训需求

培训和开发专业技术人员是企业获取竞争优势的关键环节。为确保技术人员培训的科学性、有效性，在培训实施之前应先进行培训需求分析。

1. 组织层次分析

（1）企业战略分析

根据企业的长远发展战略和年度发展重点，确定企业对技术人员素质的要求。对比技术人员现状与企业对技术人员的理想要求，找出技术人员的差距，从而提出技术人员培训需求的相关信息。

例如，企业计划明年要引进国外先进的生产设备，生产技术和设备维修技术就成了技术人员必须掌握的。如果技术人员在这方面的知识远远不够，就会影响企业的生产，进而影响到企业战略的实施。因此，企业应未雨绸缪，预先安排这些方面的培训。

（2）企业资源分析

企业资源分析包括对企业的人力、物力、财力等各种要素的分析，如企业所能提供的培训经费多少、培训时间的长短等都会在一定程度上影响培训效果。

2. 技术岗位分析

对技术岗位进行分析的目的在于了解与绩效问题有关的工作的详细内容、标准和达成工作所应具备的知识和技能。其分析的结果也是将来设计和编制相关培训课程的重要资料来源。

进行岗位分析时，可参考《技术部门职能说明书》《××技术人员岗位说明书》，了解技术人员的主要工作职责及其需要了解和掌握的知识、技术、技能等内容，从而明确技术人员岗位的培训需求。同时可以采用问卷调查表的方式进行调查，分析技术人员现有水平与应具备水平的差距，从而确定培训需求。表 6—1 提供了一份 × × 公司技术人员岗位技能调查表。

表 6—1 × × 公司技术人员岗位技能调查表

技能方向		具体技能要求	掌握程度
专业素质	观察能力	能够先行发现难点，解决技术事项的能力	□5 □4 □3 □2 □1
	沟通能力	与客户进行技术交涉、演示、讲解的能力	□5 □4 □3 □2 □1
	技术专业能力	进行新产品、新技术开发与管理的能力	□5 □4 □3 □2 □1
	学习能力	学习并迅速掌握新技术、新知识的能力	□5 □4 □3 □2 □1
技术与知识	信息调查	掌握国内外本行业技术信息及发展动向	□5 □4 □3 □2 □1
		能够对所调查的信息进行分析和整理	□5 □4 □3 □2 □1
	技术与工艺	掌握本行业领域的技术知识与理论	□5 □4 □3 □2 □1
		熟悉系统开发、项目管理技术	□5 □4 □3 □2 □1
		能够及时处理各项技术问题	□5 □4 □3 □2 □1

说明：5 为纯熟，4 为熟练，3 为一般，2 为生疏，1 为陌生。

3. 个人层次分析

技术人员本身的知识掌握程度、个人能力水平、知识层次等均对培训需求具有一定影响。

（1）个人能力分析

个人能力分析是培训需求信息的重要来源之一，表 6—2 为某科技公司设计的一份技术人员能力评估等级表。

表 6—2 × × 公司技术人员能力评估等级表

能力	能力级别划分	自我评估	同级评估	上级评估
技术能力	A. 熟悉本专业的知识和技能，专业技术高超			
	B. 掌握本专业的知识和技能，专业技术良好			

续表

能力	能力级别划分	自我评估	同级评估	上级评估
技术能力	C．正确掌握本专业知识和技能			
	D．勉强了解专业知识，专业技能较差			
实践能力	A．能有效解决新问题及棘手的技术问题			
	B．能解决工作中出现的较为复杂的技术问题			
	C．可以独立解决工作中出现的一般性技术问题			
	D．需要在他人指导和协助下解决一般性技术问题			
分析能力	A．能运用多种方法分析复杂问题，并找出对策			
	B．对复杂问题能迅速发现关联并找出产生原因			
	C．对于新出现的问题能够进行简单的分析			
	D．对于新出现的问题缺乏自己的想法和思路			
创新能力	A．具有自主研发能力，研发成果获得国家专利			
	B．可在他人研究成果基础上做技术创新和改造			
	C．能够经常提出比较具有创意性的想法			
	D．偶尔提出有创意性的想法			
团队合作能力	A．能够很好地引导他人进行协调一致的工作			
	B．主动与其他成员进行工作上的协调			
	C．服从领导安排并能积极协调其他成员工作			
	D．服从领导安排，但表现出不满			

（2）个人发展需求分析

技术人员个人发展需求的调查，除了可以查阅人力资源部相关资料记载外，还可以通过座谈法来获取部分信息。

在开座谈会之前，事先需要准备好座谈记录表，以便控制座谈进度和记录座谈内容，同时要注意掌控座谈会氛围。

表 6—3 是一份座谈记录表的样本，用于挖掘技术人员个人发展需求的信息。

表 6—3　　技术人员个人发展需求座谈记录表

会议主题：探讨技术人员个人发展需求，确定其培训需求		
参会人员	技术人员、技术主管、技术副总经理、培训负责人、咨询顾问	
会前准备	通知技术主管准备讲述其职业经历	
	通知技术人员拟写个人发展需求	
议题	**具体进行项目**	**记录内容**
1. 技术主管、技术副总经理谈自己的经历	技术主管、技术副总经理讲述职业经历	
	讲述他们刚做技术人员时的困惑	
	培训负责人挖掘技术人员的成功经验	
	总结技术人员成长的阶段性特点	
2. 技术人员谈个人发展目标和需求		
3. 调查技术人员的培训需求	做好本职工作必须接受的基本技能培训（可列出 3～4 种）	
	需要接受的专业理论培训（可列出 3～4 种）	
	需要接受的专业技能培训（可列出 3～4 种）	
4. 调查技术人员对企业的要求和建议		
5. 讨论、总结，确定培训需求和培训目标		

6.1.2　设计培训课程

技术人员培训对于提高现有技术人员的技术水平和职业素质，培养具有创造力的技术人才，确保企业在相关领域的竞争优势都有十分重要的意义。对技术人员培训课程的设计应视工作需求及技术人员素质而异。

1. 技术人员培训课程设计重点

（1）合理的知识结构。

技术人员的知识结构包括企业知识、产品知识、行业动态、专业知识、管理知识等。

（2）专业技术技能培训。

（3）职业素养培训。

2. 技术人员培训课程体系确定

根据技术人员培训需求调查确定技术人员培训课程体系。表 6—4 为某高新技术企业技术人员培训课程设置的样本。

表 6—4　　某高新技术企业技术人员培训课程表

课程内容	培训对象		
	高层技术人员	中层技术人员	基层技术人员
企业的技术管理与现状	√	√	
操作标准及工艺流程培训		√	√
工艺、技术的改善与管理	√	√	√
新工艺、新技术的研究	√	√	√
竞争性产品研究与新产品开发	√	√	√
专业技术技能培训	√	√	√
新产品的研发技术	√	√	√
知识产权保护制度		√	√
专利申请与操作规范		√	√
技术保密制度		√	√
技术创新意识培养		√	√
技术安全管理	√	√	√
生产安全管理	√	√	√
技术人员职业操守和操作规范		√	√

6.1.3　实施培训计划

1. 明确培训时间

技术人员培训时间的选择，应根据企业的培训需要来确定，但通常在如图 6—1 所示的情况下，企业有必要对技术人员进行培训。

①购进新设备、推出新产品、开展新项目时
②有技术革新或重大技术突破时
③企业技术标准发生变化时
④企业需要技术认证时
⑤新技术人员入厂时
⑥企业进行自我技术创新时

图 6—1　技术人员培训时间选择

2. 确定培训地点

企业内部培训室、企业技术部办公室、技术研究部办公室、会议室等均可作为技术人员培训地点，但根据培训内容和方法等的差异，培训地点的选择也有所不同。如需要对技术人员实施技术认证方面的培训，则可以选择外部的专业培训机构实施培训。

3. 选择培训方法

通常情况下，技术人员常用的培训方法主要包括课堂讲授法、工作指导法、研讨法、多媒体教学法、认证培训法等。

4. 挑选培训讲师

在技术人员培训中，拥有丰富教学经验并熟练掌握一种或多种专业技术的讲师是培训讲师的首选。根据培训内容不同，技术人员培训讲师的选择也应有所不同，如图 6—2 所示。

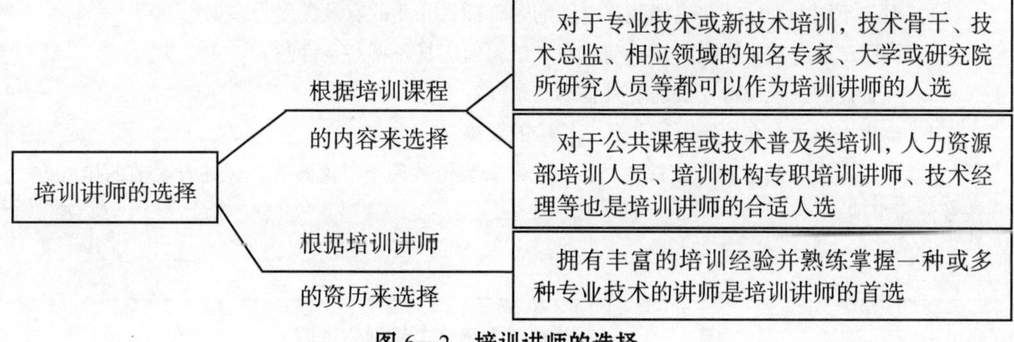

图 6—2　培训讲师的选择

5. **培训经费预算**

培训工作的开展离不开培训经费支持，作为培训部门，既要考虑培训的效果又要考虑培训的成本。在培训项目开始时，进行培训经费预算有利于控制培训成本和合理分配各项培训工作的预算。

6.1.4 选择评估方法

1. **测试法**

测试法主要是对受训技术人员对于培训知识的掌握情况进行评估的一种方法。图 6—3 为某公司仪表维修工培训测试题。

××公司仪表维修工培训测试题

一、填空题（每题 5 分，共 25 分）

1. 在调校仪表时，数据的记录和数据的处理应遵循的基本原则是＿＿＿＿＿。

2. 仪表的精度不仅与＿＿＿＿有关，还与仪表的＿＿＿＿有关。

3. 常用的压力校验仪器是＿＿＿＿＿和＿＿＿＿＿。

4. 仪表控制系统有＿＿＿＿＿、＿＿＿＿＿、＿＿＿＿＿、联锁系统和综合控制系统等。

5. 按工作原理分，物位测量仪表可分为＿＿＿＿＿、＿＿＿＿＿、＿＿＿＿＿、＿＿＿＿＿、＿＿＿＿＿、＿＿＿＿＿等类型。

二、判断题（每题 5 分，共 25 分）

1. 加大灵敏度，可以提高仪表的精度。（ ）

2. 仪表的精度在数值上等于基本误差。（ ）

3. 在仪表安装中，如没有特定的要求，尽量缩短安装的管路长度，以减小仪表动态特性中的时滞。（ ）

4. 当被测压力不高，且压力表与取压口又不在同一高度时，要对由此高度差引起的测量误差进行修正。（ ）

5. 可编程调节器设定启动方式为热启动时，仪表运行过程中失电，如果重新上电，则仪表工作处于手动方式，输出值保持从前的输出值。（ ）

三、简述题（每题 10 分，共 50 分）

1. 对于不同的介质，热电偶和热电阻的套管插入介质的有效深度为多少？

2. 回路试验应在系统投入运行前进行，试验前应具备哪些条件？

3. 综合控制系统设备安装前应具备哪些条件？

4. 电接点压力表在检定时有些什么特殊的要求？

5. 差压变送器测量液体流量时，若变送器安装位置高于节流装置，试述开表前的排气方法及注意事项。

图 6—3 ××公司仪表维修工培训测试题

2. 成本收益分析法

在经济学中，成本收益分析法常被用来评价投资效果。由于在一定意义上可将培训视为企业的一项重要投资，因而在评估培训效果时也可借鉴成本收益分析法。

（1）培训成本与收益

培训涉及组织者、培训讲师、受训人员等多个主体，因此在进行技术人员培训成本与收益分析时，既应当考虑培训的直接成本，又应当考虑培训的间接成本。技术人员培训成本与收益内容见表 6—5。

表 6—5　　技术人员培训成本与收益

培训成本		培训收益
直接成本	间接成本	
讲师酬劳	组织者时间成本	生产率提高
场地租金	受训人员时间成本	次品率下降
培训器材费		个人行为改善
培训教材费		
……	……	……

（2）培训成本与收益分析案例

为了更直观地展示培训成本收益分析法，如图 6—4 所示，以某电子生产企业为例进行培训成本和收益分析。

××企业电子生产部共有 45 名技术人员，日产量为 100 个电子产品。在生产中出现了两个问题：一是每天生产的电子产品中有 8%因性能不符合要求而报废；二是工人怠工现象比较严重，迟到、早退现象屡见不鲜。为了有效解决该问题，生产部门经理向人力资源部提出培训申请，要求加强对所有技术工人的绩效考核，并自下而上地进行培训。经过一段时间培训，技术人员迟到、早退现象有所好转，日产量增加了 20 个，废品率降低了 3%。

1. 培训成本

整个培训中，企业所发生的培训成本见表 1。

表 1　　技术人员培训成本分析

成本构成	具体名目	金额（元）
直接成本	培训讲师的酬劳费、交通费、食宿费等	3 000
	光盘、教材、印刷品等培训资料费用	2 500
	其他杂费	600
间接成本	培训组织人员的时间成本（小时工资水平 × 所耗时间）	2 000
	受训技术人员的时间成本（小时工资水平 × 所耗时间）	2 500
	领导给予支持的时间成本（小时工资水平 × 所耗时间）	3 000
成本合计		13 600

2. 收益分析

整个培训中，技术人员培训收益情况见表 2。

表 2　　技术人员培训收益分析

衡量指标	培训前情况（个）	培训后情况（个）	年收益（元）
日产量	100	120	（120 – 100）× 250 × 5=25 000
废品量	100 × 8%=8	120 ×（8% – 3%）=6	（8 – 6）× 250 × 5=2 500
注：整个年度按 250 个生产日计算，产品单价按 5 元计算。			

3. 培训成本收益率

在不考虑间接收益和培训效益发挥年限的情况下，公司培训成本收益率=（25 000+ 2 500）÷ 13 600≈2.02，得出本次培训的投入产出比约为 1 : 2.02。

图 6—4　× × 企业培训成本收益分析

6.1.5　设计培训方案

方案名称	× × 公司质量工程技术人员培训方案	编号	
		执行部门	

一、培训目的

本公司对技术人员进行培训，主要目的包括以下两点：

1. 提高质量工程技术人员的技术水平和综合素质。
2. 调动质量工程技术人员进行技术开发和改造的积极性。

二、培训计划

1. 培训内容设计

为确保培训目的的实现，针对质量工程技术人员培训，公司共设计了包括质量管理概述、供应商质量管理、质量管理体系、质量成本控制等内容在内的12门培训课程，见表1。

表1　××公司质量工程技术人员培训课程表

培训课程类别	课程名称	课程课时	培训方式	考核方式
能力素质培训	质量工程技术人员必备素质	1.5小时	课堂讲授	—
	质量工程技术人员职业操守	1小时	案例分析	案例分析报告
专业水平培训	质量管理概述	1.5小时	课堂讲授	闭卷考试
	供应商质量管理	1.5小时	案例分析	案例分析报告
	质量管理体系	1.5小时	课堂讲授	闭卷考试
	质量成本控制	2小时	案例分析	案例分析报告
	可靠性分析系统	2小时	课堂讲授	闭卷考试
	测量系统分析	1.5小时	课堂讲授	闭卷考试
	实验设计应用	1.5小时	多媒体	论文报告
	国际通用质量评估方法	1.5小时	课堂讲授	闭卷考试
	改善质量管理效果的7种技巧	1.5小时	多媒体	—
	质量检验仪器的使用与保养	2小时	现场演示	现场操作

2. 培训讲师选择

此次培训讲师的选择主要分为两部分，能力素质培训由人力资源部经理和技术部经理共同完成；专业水平培训则是聘请在质量工程管理方面具有丰富教学经验，并熟悉掌握此项技术的专家、学者对本公司技术人员进行专业培训。

三、培训计划实施

1. 培训实施计划表

为确保培训的顺利实施，人力资源部在培训正式实施之前做了一份详细的培训计划表，作为培训组织人员和培训讲师的行动指南（详情见表2）。

表2　××公司质量工程技术人员培训实施计划表

内容 时间	第一天	第二天	第三天
8：30—10：00	技术总监致辞	供应商质量管理	实验设计应用
10：00—11：30	技术人员必备素质	质量管理体系	通用质量评估方法

续表

午餐			
13：00—15：00	技术人员职业操守	质量成本控制	改善质量管理的技巧
15：00—18：00	可靠性分析系统	检验仪器使用与保养	—
晚餐			
19：30—21：00	质量管理概述	测量系统分析	—

2. 发布培训通知

在培训开展前两天，人力资源部向质量工程技术人员发布培训通知。一方面确保所有有培训需求的技术人员都能得到通知，以便事前做好培训相关准备；另一方面也让受训技术人员提前安排好自己手头的工作，确保培训不影响企业的正常运行。

3. 制定培训纪律

为更好地约束培训对象，提高培训效率，营造良好的互动气氛，公司还制定了质量工程技术人员在培训中应遵守的培训纪律，详见公司《培训纪律及考勤管理规定》。

4. 做好培训记录

在培训实施过程中，为确保公司对质量工程技术人员培训情况有所了解，人力资源部还对质量工程技术人员的出勤、学习状况等进行详细记录，以便于在培训结束后对培训效果进行评估和反馈。观察记录表见表3。

表3　　员工培训观察记录表

培训课程		培训讲师		培训时间	
学员表现					
出勤情况					
课堂参与情况					
内容理解情况					
考核结果					
备注说明					
1. 2.					

四、培训计划评估（略）

编制人员		审核人员		批准人员	
编制日期		审核日期		批准日期	

6.2　研发人员培训管理

6.2.1　明确培训时间

对于研发人员培训时间的选择，不同企业有不同的规定。通常在下列情况下，企业有必要对研发人员进行培训。

（1）企业计划进行重大项目攻关时。

（2）所属行业技术水平显著提高时。

（3）研究人员水平难以满足企业发展战略需要时。

6.2.2　设计培训课程

在培训内容的设计上，由于新产品的开发与市场营销结合得非常紧密，因此在进行研发人员培训课程设计中，不仅要包含研发专业知识和技能类的培训课程，还可以包含一些市场营销基础知识类的培训课程。图 6—5 为某公司设计的研发人员培训内容。

图 6—5　某公司设计的研发人员培训内容

6.2.3 选择培训方法

对研发人员实施培训，培训方法应该满足其对技术学习的特点，并且做到使研发人员对技术知识进行共享、传递、提炼和探索，学习和分享研发的经验，以达到培训新人，提升整体能力，从而提升企业竞争力的效果。以下将介绍两种对于研发人员而言，简单而又具有实际效果的培训方法。

1. 学习小组法

学习小组法可以由公司内部一定数量的研发人员，定期针对某个技术问题进行专题讨论、实验，然后形成专题讨论结论和实验结果，并鼓励他们将成果应用到实际研发生产中。这种培训方法能满足研发人员分享知识、提炼知识，不断进行知识探索的目的。图 6—6 介绍了学习小组法的实施情况。

实施情况介绍

1. 研发部领导或技术骨干发起，研发人员自由结成小组
2. 小组成员事先准备好讨论题目和资料
3. 在固定时间进行小组讨论或实验
4. 记录讨论结果或实验成果
5. 定期进行小组评比

注意事项

1. 学习小组人数不宜过多
2. 公司给予学习小组一定的经费支持
3. 小组讨论中，要注意讨论专题的针对性并与工作紧密结合
4. 要保持学习小组的持续性

图 6—6 学习小组法实施情况介绍

2. 导师制

导师制通常用于新进研发人员的培训，它是由研发部领导指定本部门技术能力较强的员工作为导师，为新进研发人员制订某一时期的工作计划、学习计划，并定期交流沟通等。这种培训方法可以更快地促进研发人员的成长。图 6—7 介绍了导师制的实施情况。

实施情况介绍

1. 研发部门负责人为新进研发人员指派导师
2. 导师熟悉和了解新进研发人员
3. 导师为新进研发人员制订工作计划
4. 新进研发人员工作中与导师进行沟通交流
5. 导师定期检查新进研发人员学习效果

注意事项

1. 研发部门负责人应为新进研发人员选择合适的导师
2. 新进研发人员应虚心好学，主动与导师建立、保持良好的工作关系

图 6—7 导师制实施情况介绍

6.2.4 设计培训方案

<table>
<tr><th rowspan="2">方案名称</th><th rowspan="2">××制造公司研发人员培训方案</th><th>编号</th><td></td></tr>
<tr><th>执行部门</th><td></td></tr>
<tr><td colspan="4">【培训时间】201×年 4 月至 7 月每周周三上午 9：00—11：30
【培训地点】公司二楼会议室
【培训对象】全体研发人员
【培训人数】30 人
【培训方式】培训游戏、课堂讲授、多媒体教学、专题研究
【培训目的】
1. 提高公司新产品的研发效率。
2. 完善研发人员知识结构，使之适应本行业现代技术发展的要求。
3. 系统提升研发人员的综合素质，实现自我管理和自我提升。
【内容提纲】
1. 研发人员能力素质模型。
2. 研发人员必备职业意识。
3. 国内本行业生产及研发的发展现状。
4. 新产品构想的市场研究方法。
5. 卓越的研发人员应有的设计理念与产品意识。
6. 产品可行性研究与立项管理。
7. 研发人员的市场营销意识。
8. 市场管理与产品规划。</td></tr>
</table>

9. 研发质量管理培训。
10. 研发工具与技术。
11. 研发人员创新思维培训。
12. 研发人员的职业规划。

【培训物品】

1. 投影仪及投影屏幕 1 套。
2. 笔记本电脑 1 台。
3. 黑板/白板 1 块。
4. 粉笔或白板笔 2 盒。
5. 板擦 1 块。
6. 游戏道具 3 套。
7. 学员名单 2 份。
8. 学员登记表 1 份。
9. 印刷资料每人 1 份。
10. 测试题资料每人 1 份。

【培训讲师】

本公司研发部门经理×××。

本公司人力资源部经理×××。

××行业协会副会长×××。

××技术研究中心主任×××。

××××大学教授×××。

编制人员		审核人员		批准人员	
编制日期		审核日期		批准日期	

第 7 章

管理人员培训管理

管理人员对企业战略决策、日常运营起着举足轻重的作用，管理者素质不高、能力不足必将影响整个企业的运营效率及质量，甚至影响企业获利及生存。因此，构建科学的管理人员培训体系，加强各级管理人员的培训工作必然是企业的明智之举。

对管理人员进行培训，不仅能达到提升管理技能、渗透先进的管理思想、提高工作效率及质量等目的，还能达到以下特殊目的：

（1）通过不断地培训培养企业后备力量，为管理队伍不断补充新鲜血液，扩大管理人员队伍。

（2）有助于企业形成良好的社会形象和声誉。

（3）可作为一种激励手段，让管理人员感受到企业对自己的认同，从而大大增加其归属感和安全感。

7.1　管理人员培训计划编制

7.1.1　管理人员培训需求分析

根据管理人员在企业中所处的地位、所掌握的职权及日常管理工作性质，可将企业管理人员划分为基层管理人员、中层管理人员及高级管理人员，不同层级管理人员的培训需求不尽相同。为确保培训的针对性及有效性，培训管理部门应对管理人员的培训需求进行调查、整理、分析和总结。具体来说，管理人员培训需求分析工作可从企业战略分析、组织分析、任务分析、人员分析、管理人员职业生涯分析这五个方面开展。

1. 企业战略分析

企业的战略决定着企业的发展方向，而企业的发展方向则决定着企业需要什么样的管理人才。因此，管理人员培训需求分析要以企业的整体战略和目标为依据，以确保管理人员培训符合企业发展需求。

基于企业战略的管理人员培训需求分析，可解决管理人员培训需求分析中“要求做什么”的问题。企业战略分析的具体内容包括：

（1）企业采取的是何种战略，如成本领先战略、差异化战略、集中化战略等。

（2）企业现状和未来发展的条件如何，资源如何，有什么差距。

（3）企业战略目标和上级领导的期望是什么，如何使培训目标与战略目标相一致。

（4）管理人员培训要为企业战略目标的达成贡献些什么等。

2. 组织分析

管理人员培训的组织分析要求企业从战略发展高度预测企业未来技术、市场、组织结构可能发生的变化，对企业管理人员的数量和质量提出需求，从而确定适应企业发展的管理人员能力素质。具体组织分析主要从如图 7—1 所示的五个方面进行。

工作分析	包括管理事项、管理工作的独立性和复杂程度、管理方法技巧等
责任分析	包括管理工作的重要性、管理权限、管理职责与权限的对应性等
任职条件分析	包括管理人员的学历、专业知识、院校背景、工作经验、培训经历等
督导与组织关系分析	包括直属上级、直属下级、协作关系、关键制约工作等
组织文化分析	包括企业组织哲学、管理理念、管理价值观、组织精神风气等

图 7—1　管理人员组织分析内容

3. 任务分析

任务分析主要解决的问题是“应该做什么”。具体工作为分析管理人员的重要任务以及需要具备的知识、技能、行为方式等，并列出能力清单，而后依据管理人员素质模型和职业化行为标准寻找绩效差距的原因，例如是个人胜任能力问题，还是由任职者与工作岗位不匹配造成的。

4. 人员分析

人员分析主要解决的问题是“实际做到了什么”，主要包括以下两大方面。

（1）个体特征分析

个体特性分析可以从管理人员性别结构、年龄结构、知识结构、专业结构、性格特征、管理风格等方面进行分析。

（2）个人能力分析

个人能力分析指对管理人员的计划组织能力、沟通能力、协调控制能力、决策能力、问题分析与解决能力、压力承受能力、影响力、个人修养和魅力等方面的能力进行分析。

对管理人员个人能力方面的培训需求分析，一方面可以通过其工作表现来分析（较直观的信息来源是绩效考核记录）；另一方面也可以用问卷调查表的方式来获取部分信息，从而确定个人能力差距。

5. 管理人员职业生涯分析

管理人员职业生涯分析主要通过分析管理人员对自身工作岗位的认知和对未来个人发展的规划、期望，进而确定培训需求。获取管理人员职业生涯信息的渠道有多种，如查阅人力资源部存档的员工个人资料，或者采用问卷调查、访谈的形式等。

7.1.2 明确管理人员培训目标

培训管理部门通过培训需求分析明确了管理人员培训的主题后，应进一步确认管理人员培训的总目标、分目标和子目标。如果不能明确管理人员培训的目标，就无法设计出清晰的培训规划，也无法给受训人员提供方向指导，从而导致培训的最终失败。

1. 明确管理人员培训目标构成三要素

管理人员培训目标的构成应包含三个要素，具体如图 7—2 所示。

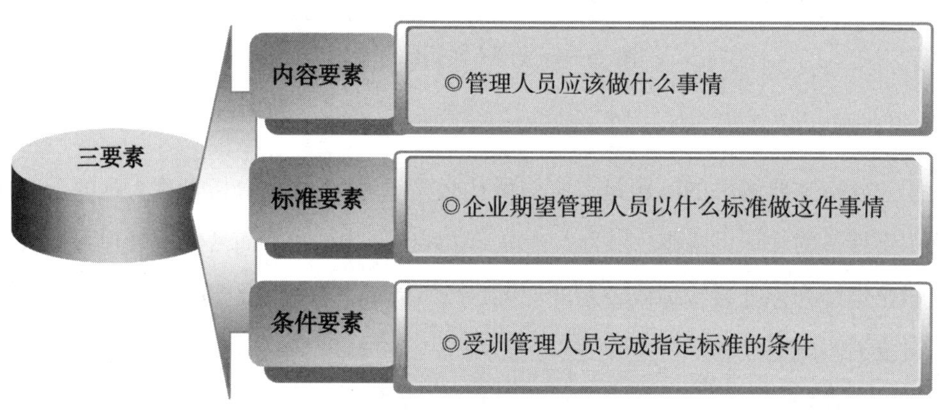

图 7—2 管理人员培训目标构成三要素

2. 明确管理人员培训目标的步骤

管理人员培训目标的确定步骤如图 7—3 所示。

步骤 1 提出明确的目标	步骤 2 培训目标主次分析	步骤 3 检查培训目标可行性	步骤 4 列出培训工作目标
在培训设计工作开始前，为培训提出明确的目标	对管理人员培训需求的主次进行分析，区别对待，分清必须达到的目标、应该达到的目标及可以达到的目标	根据参训人员的个人情况、时间条件等，检查培训目标是否具有可行性并做出调整。可行性包括定位准确、具体明确可量化、分解合理、有相应的时间限制	确定培训的起点，弄清各目标的先后顺序，将目标层次分为知识培训、技能培训、管理培训、观念培训，最后列出培训工作目标

图 7—3 培训目标的确定步骤

3. 管理人员培训目标示例

下面是某企业生产经理培训目标设计的示范。

生产经理参加质量管理培训的目标为：培训结束后，生产经理应在独立处理或积极寻求相关部门帮助的情况下（条件要素），在 24 小时内（标准要素），向质量投诉客户、有关部门了解清楚投诉问题，分清责任归属，处理好客户投诉，维护好双方的良好关系，避免投诉事件升级（内容要素）。

7.1.3 编制管理人员培训实施阶段计划

在编制管理人员培训实施阶段计划时，培训管理部门应掌握培训实施阶段计划的制订原则、制订要点、制订步骤等。

1. 管理人员培训实施阶段计划制订原则

管理人员培训实施阶段计划的制订必须遵从一定的原则，具体如图 7—4 所示。

2. 管理人员培训实施阶段计划制订要点

（1）构建计划制订机构

管理人员培训实施阶段计划的制订，不仅是培训管理部门的事情，还涉及组织内部的许多部门，是一个系统工程。因此，企业应构建一个培训计划制订机构，以便协调各级管理人员、管理部门进行培训计划的制订。

可行性原则
- ★ 为保证计划能有条不紊地实施，管理人员培训实施阶段计划必须具有可行性
- ★ 编制计划时要充分考虑企业生产经营状况、企业软硬件实力、管理人员培训需求、现阶段管理人员知识技能水平等

重点与全面相结合原则
- ★ 在编制计划时，要保证新任管理人员、晋级管理人员、转岗换岗管理人员、重点业务部门管理人员优先进行培训
- ★ 要兼顾全体管理人员，保证企业所有管理人员都能及时地接受最新的管理培训

系统性原则
- ★ 根据企业的实际情况，对企业的全体管理人员进行全面的、有条理的、有连续性的培训

针对性原则
- ★ 计划的编制要与日常管理有机结合起来，重点对管理过程中暴露出来的问题、短板进行有针对性的培训，力求学以致用

经济性原则
- ★ 培训实施需要人力、物力、财力的支持，要做好培训费用预算及预算控制工作，避免浪费或避免实施培训重要程度和紧迫程度不高但耗费巨大的培训项目

理论与实践相结合原则
- ★ 既注重管理理论知识、先进管理理念的培训，又注重管理实践的培训，提升管理人员综合素质

图 7—4　管理人员培训实施阶段计划的编制原则

（2）进行调查研究

调查研究的内容包括本企业短、中期生产经营和技术的发展情况，本企业在短、中期内对各级管理人员的需要数量、各级管理人员素质、本企业现阶段培训条件等。

（3）做好综合平衡

在制订管理人员培训实施阶段计划时，计划制订人员应注意管理人员发展与师资来源的平衡，培训与企业生产、经营正常运转的平衡，企业培训需求与管理人员要求的协调平衡，培训发展与培训投资的平衡等。

（4）有效分配资源

根据各培训项目的轻重缓急分配资源，以保证各项培训都有相应的人力、物力和财力。

（5）具有可操作性

为确保制订的培训实施阶段计划具有可操作性，应制订各分段目标培训计划的实施细节，主要包括总体计划及各分阶段目标计划实施的过程、时间跨度、阶段、步骤、方法、措施、具体要求和评估方法等。

（6）广泛征求意见

与各级管理人员进行充分的讨论和集中修改，而后报审，最终定稿并下达。

（7）灵活制订

制订管理人员培训实施阶段计划时，既要注意借鉴别人的经验，取长补短，又要做到结合企业实际情况，不盲目照抄。

3. 管理人员培训实施阶段计划制订步骤

管理人员培训实施阶段计划的制订一般包括 10 个步骤，具体如下所示。

（1）培训需求调查

运用有效方法开展管理人员培训需求调查，并进行分析，从而确定培训需求。

（2）培训目标确立

依据企业实际及各级管理人员的素质等，确立培训目标，明确培训要达到的效果，并为培训效果评估提供切实可行的标准。

（3）确定培训对象

根据培训需求调查分析的结果，结合企业发展战略、企业人才战略等，确定需要接受培训的具体人员。

（4）培训内容及课程设置

培训目标是设置培训内容和课程的出发点，具体来说应根据管理人员的普遍需求及不同级别管理人员的不同需求，分别设置不同的培训内容及课程。

（5）培训负责人和培训讲师选择

培训负责人一般来自培训管理部门。管理人员的培训课程比较专业，既包括先进的理论知识，又包括实践技能，因此培训讲师可选择企业内部讲师以及来自企业外部培训机构、大专院校等的讲师。

（6）确定培训方法

管理人员培训方法有个案研究法、参观访问法、商业游戏法、岗位轮换法、讲授法等，应根据培训内容、培训场所、培训对象选择合适的培训方法。

（7）培训时间和培训地点确定

合理地安排培训时间和地点，有助于培训讲师掌握培训进度，提高受训管理人员的参与度。具体培训时间、培训地点的安排应考虑管理人员工作安排、培训方法、培训经费、培训内容、交通状况等。

（8）培训效果评估方法确定

培训效果评估方法一般包括受训管理人员考核、受训管理人员意见反馈、受训管理人员行为变化、培训对管理绩效的提升等。

（9）培训费用预算制定

培训费用预算主要是由企业的人力资源发展战略、企业所处的行业特点及管理水平等诸多因素决定的。

（10）管理人员培训实施阶段计划书编写

培训管理部门根据上述内容，采用企业规定的培训计划书模板编写管理人员培训实施阶段计划书，并报相关领导审核、审批。

4. 管理人员培训实施阶段计划书示例

以下是某企业管理人员培训实施阶段计划书的示例，供读者参考。

管理人员培训实施阶段计划书示例

一、培训目的

1. 有计划、有步骤、有层次地普及国内外先进的管理知识，从而培养出一批骨干管理人才。
2. 不断提高管理人员的管理技能，确保其能全面、到位地完成各项工作任务。
3. 培养管理人员努力工作、积极进取、勇于接受挑战的态度。

二、培训对象

培训对象为公司中层管理人员，共计____人。

三、培训时间

培训时间为____年____月____日至____年____月____日。

四、培训方式

本公司中层管理人员的培训采取“五段式”的培训模式。

1. 第一阶段集中授课

由本公司培训讲师做集中授课，并适时对中层管理人员提出的问题进行解答。集中培训时，培训讲师应根据不同的讲授内容，运用不同的讲授方法，从而提高受训中层管理人员对讲授内容的理解和认可程度。

2. 第二阶段案例分析

受训中层管理人员根据第一阶段所学内容进行案例分析，本公司培训讲师对分析结果进行汇总并说明。

3. 第三阶段角色演练

受训中层管理人员分别扮演实际工作中的不同角色，运用第一阶段所学的知识和技能，去处理各种问题和矛盾。

4. 第四阶段参观考察

受训中层管理人员参加外部机构主办的参观考察优秀企业的高级研修班，从而与该优秀企业的管理人员进行发展战略、经营理念和管理经验方面的交流与借鉴，提升管理水平和管理能力，巩固培训效果。

5. 第五阶段考核评估

公司人力资源部组织受训中层管理人员进行集中总结，完成考核评估工作。

五、培训方式及主要内容

中层管理人员培训方式及主要内容见下表。

培训方式	培训主题	培训目标
集中授课（16 小时）	计划制订	帮助中层管理人员制订有效的、科学的工作计划，并能有效指导下属制订计划
	管理能力	帮助中层管理人员提升沟通能力、任务分配及控制能力、下属员工管理能力等
	下属培育	帮助中层管理人员针对不同下属的个性和特点开展有效的指导活动
案例分析（4 小时）	综合能力演练	提高中层管理人员分析问题及解决问题的能力
角色演练（4 小时）	自我管理	提高中层管理人员角色认知及自我识别的能力
	问题解决能力	提高中层管理人员实现不同任务、摆脱不同困境的能力
参观考察（16 小时）	管理技能提升	加深中层管理人员对培训内容的印象，理解提升管理技能的重要性
	领导力提升	促使中层管理人员理解提升领导力的重要性

六、培训组织

1. 公司人力资源部负责中层管理人员培训的组织管理工作，具体工作包括：

（1）外聘讲师的联系、选择和评价。

（2）安排培训场所和所需的培训设备、材料。

（3）组织对受训中层管理人员的培训效果进行评估。

（4）负责制定具体的培训费用预算，并报送人力资源总监审阅、总经理审批。

2. 公司行政部、财务部配合人力资源部做好中层管理人员培训的组织和费用管理工作。

3. 中层管理人员安排好自己的工作，确保培训期间的工作不受影响。

4. 公司总经理和人力资源总监对培训的实施进行监督，及时提出指导意见。

七、培训考核与评估

1. 培训考核

（1）考核原则：坚持客观有效、促进管理队伍发展的原则。

（2）考核方式：培训考核由闭卷考试及培训讲师打分两部分组成，两项考核成绩所占的比重为 6:4。在集中授课结束后，人力资源部组织对受训中层管理人员进行闭卷考试，以检验受训中层管理人员对授课内容的掌握程度。在进行案例分析和角色演练培训时，由现场培训讲师对每名受训中层管理人员的表现进行打分。

（3）闭卷考试得分和培训讲师打分结果的加权综合构成中层管理人员的培训得分。培训得分满分为 100 分，得分低于 60 分为不合格，须再接受培训。

2. 培训评估

（1）人力资源部会同培训讲师设计培训评估问卷，在培训结束后，由接受培训的中层管理人员填写。

（2）培训结束三个月后，由人力资源部对接受培训的中层管理人员所在的工作部门进行调查，以判断接受培训的中层管理人员是否按照培训所学开展工作，并取得了良好的效果。

编制部门		执行部门		监督部门	
编制日期		审核日期		记录人	

7.2 管理人员培训内容设计

7.2.1 常规管理知识与技能培训

常规管理知识与技能培训一般是针对企业内所有管理人员设立的培训项目，主要包含基础管理知识和管理技能两大内容。常规管理知识与技能培训因其具有常规性、通用性、基础性的特色，适合从企业基层到企业高层的所有管理人员。组织管理人员参加常规管理知识与技能培训，可促进管理人员系统地了解管理学基础知识，加强管理者对自身角色和工作职责的认识，掌握基础管理技能，从而提升综合素质。

企业在设计常规管理知识与技能培训课程时，可参照表 7—1 所列的内容进行设计。

表 7—1 常规管理知识与技能培训课程内容

常规管理知识培训课程		管理技能培训课程	
课程类型	课程内容	课程类型	课程内容
管理学类	管理概述	沟通类	表达技巧
	管理理论的产生与发展		倾听技巧
	管理者的角色		反馈技巧
	管理误区规避		谈判技能
企业管理类	企业概述	执行类	授权技能
	企业管理内容		工作效率提升
	计划管理		团队执行力提升
	组织与协调管理	团队建设类	团队组建
	目标与绩效管理		团队凝聚力
	有效授权管理		高效团队建设
	控制与改革管理		员工培训与激励
	创新管理	问题解决类	问题分析
	学习型组织再造		问题解决
	危机管理	思考创新能力类	思考习惯的养成
	企业文化管理		克服从众心理
	信息与资源管理	领导力类	自我管理
	基本商务礼仪		领导魅力提升

7.2.2 岗位基本管理知识培训

不同的管理岗位所应具备及掌握的管理知识不尽相同，这就要求培训管理部门在设计岗位基本管理知识培训课程时，应充分考虑各岗位的特点及要求，站在充分胜任本职岗位、培养管理后备人才的角度进行设计。

具体来说，企业不同类型岗位的基本管理知识培训课程可参照下述内容设计。

1. 生产类岗位基本管理知识培训课程内容

生产类岗位基本管理知识的培训课程内容可参照如图 7—5 所示设计。

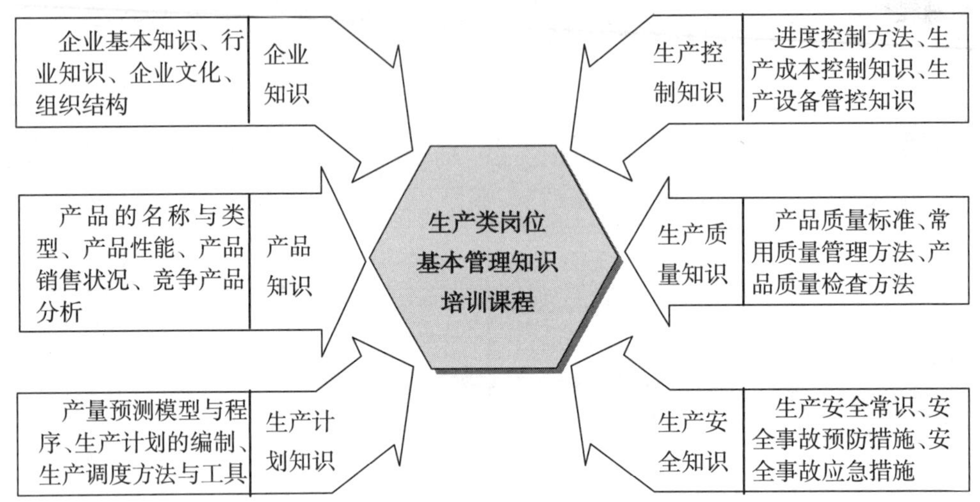

图 7—5　生产类岗位基本管理知识培训课程

2. 市场营销类岗位基本管理知识培训课程内容

市场营销类岗位基本管理知识培训课程内容包括理论知识、营销基础知识、政策法规知识等，具体如下所示。

（1）理论知识

经济学、心理学、市场营销学、广告学、传播学等。

（2）营销基础知识

企业知识、产品知识、市场知识、财务知识、技术知识、公关知识、传统营销知识、网络营销知识、微博营销知识、微信营销知识、APP 营销知识等。

（3）政策法规知识

《中华人民共和国消费者权益保护法》《中华人民共和国产品质量法》《中华人民共和国反不正当竞争法》《中华人民共和国广告法》等政策法规知识。

3. 销售类岗位基本管理知识培训课程内容

销售类岗位基本管理知识培训课程内容包括企业知识、产品知识、销售知识及客户知识等，具体如图 7—6 所示。

基本管理知识培训课程

企业知识

1. 企业基本知识
2. 行业知识
3. 企业文化
4. 企业核心竞争力

产品知识

1. 产品品类
2. 产品定价
3. 竞争产品知识
4. 产品卖点
5. 产品优惠政策

销售知识

1. 消费者行为知识
2. 销售策略知识
3. 销售渠道知识
4. 促销知识

客户知识

1. 客户信息管理知识
2. 客户关系管理知识
3. 大客户管理知识

图 7—6　销售类岗位基本管理知识培训课程

4. 客户服务类岗位基本管理知识培训课程内容

客户服务类岗位基本管理知识培训课程内容包括产品知识、客户服务基本知识、客户关系管理、客户管理知识及售后服务管理等，具体如图 7—7 所示。

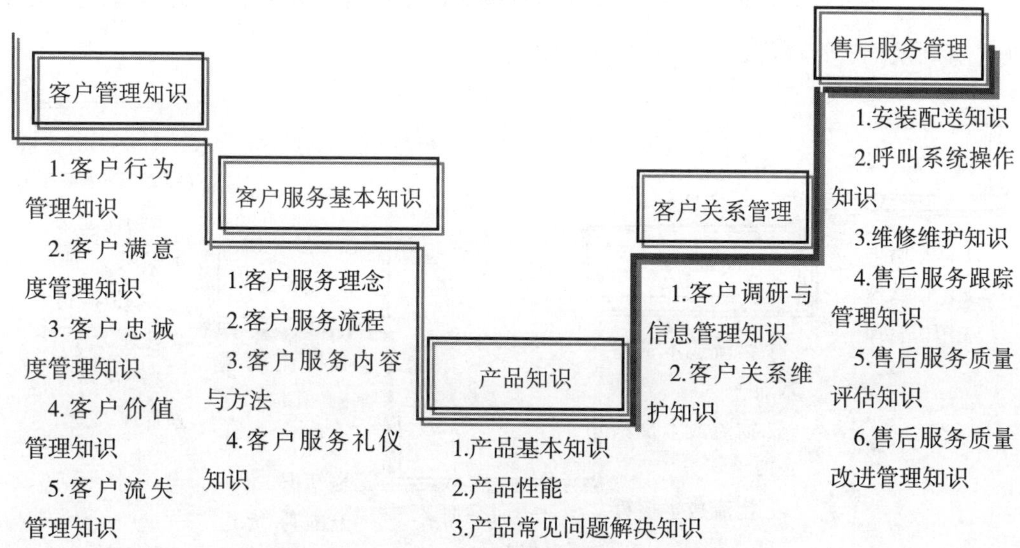

图 7—7　客户服务类岗位基本管理知识培训课程

5. 采购类岗位基本管理知识培训课程内容

采购类岗位基本管理知识培训课程内容包括企业知识、产品知识、供应商知识及采购知识等，具体如图 7—8 所示。

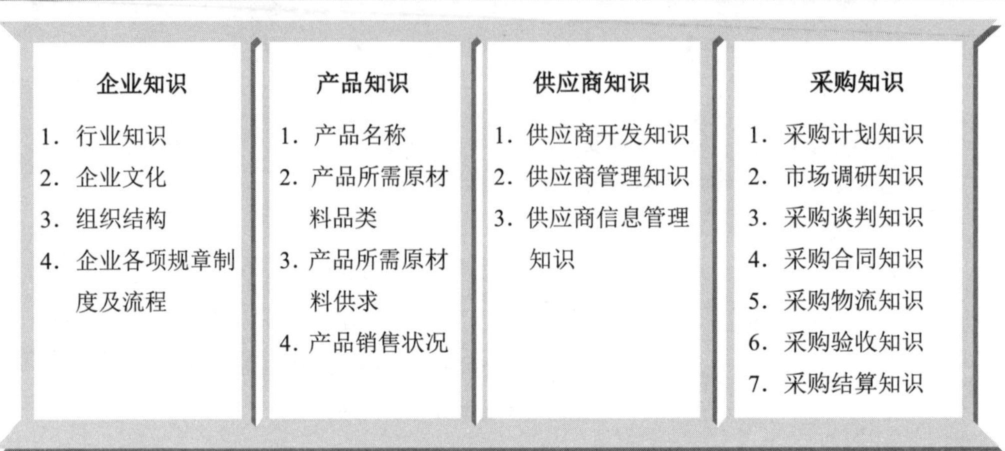

图 7—8 采购类岗位基本管理知识培训课程

6. 物流类岗位基本管理知识培训课程内容

物流类岗位基本管理知识培训课程内容包括仓储管理、成本管理、运输管理、流通加工管理及配送管理等，具体如图 7—9 所示。

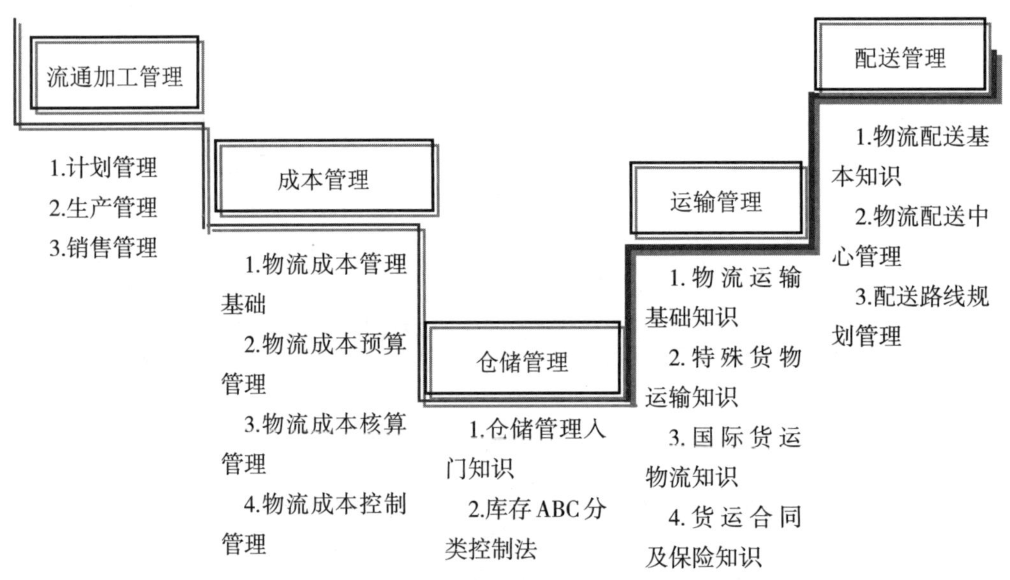

图 7—9 物流类岗位基本管理知识培训课程

7. 技术研发类岗位基本管理知识培训课程内容

技术研发类岗位基本管理知识培训课程内容包括企业知识、产品知识、研发项目管理知识及知识产权管理等，具体如图 7—10 所示。

基本管理知识培训课程

企业知识	产品知识	研发项目管理知识	知识产权管理
1. 企业发展简史 2. 企业发展前景 3. 企业文化和价值观	1. 历年研发产品知识 2. 历年研发产品市场表现 3. 目标客户群 4. 与竞争对手相比的优缺点	1. 产品策划管理 2. 新产品开发管理 3. 产品试制管理 4. 产品测试管理 5. 研发成本管理 6. 研发质量管理	1. 知识产权基本知识 2. 企业知识产权战略规划知识 3. 专利权管理

图 7—10　技术研发类岗位基本管理知识培训课程

8. 财务类岗位基本管理知识培训课程内容

财务类岗位基本管理知识培训课程内容包括法律知识、管理知识、财务知识、会计知识、审计知识、金融知识、税务知识及内控知识等，具体见表 7—2。

表 7—2　财务类岗位基本管理知识培训课程

培训课程	课程内容
法律知识	《中华人民共和国会计法》《中华人民共和国个人所得税法》《中华人民共和国企业所得税法》《中华人民共和国证券法》《企业会计准则》《企业财务通则》等
管理知识	人力资源管理、公司治理、财务战略管理、管理学基本知识、经济学基本知识等
财务知识	预算管理、成本管理、资产管理、投资与融资管理、财务分析与预测等
会计知识	会计学基础知识、会计电算化、统计学、会计核算与账务处理等
审计知识	审计基本知识、审计风险管理、审计风险防范与控制等
金融知识	金融学基本知识、投融资管理知识、证券知识、外汇知识等
税务知识	发票基本知识、税务筹划知识等
内控知识	内部控制活动、内部监督、风险管理、内控信息与沟通等

9. 人力资源类岗位基本管理知识培训课程内容

人力资源类岗位基本管理知识培训课程内容包括法律知识、人力资源规划知识、招聘管理知识、培训管理知识、绩效管理知识、薪酬管理知识、劳动关系管理知识及职业生涯规划知识等，具体见表 7—3。

表 7—3　　人力资源类岗位基本管理知识培训课程

培训课程	课程内容
法律知识	《中华人民共和国公司法》《中华人民共和国劳动法》《中华人民共和国劳动合同法》《女职工劳动保护特别规定》《未成年工特殊保护规定》等
人力资源规划知识	人力资源战略规划、制度建设、员工开发规划等
招聘管理知识	招聘规划、招聘实施、招聘效果分析等
培训管理知识	培训需求、培训实施、培训评估、培训考核等
绩效管理知识	绩效目标与考核标准、绩效考核方式与方法、绩效考核流程与制度等
薪酬管理知识	员工薪酬计算与发放、员工福利与保险、薪酬制度制定与调整等
劳动关系管理知识	劳动合同管理、劳动安全卫生管理、劳动纠纷争议处理等
职业生涯规划知识	职业发展目标、职业发展阶段、职业发展通道等

10. 行政类岗位基本管理知识培训课程内容

行政类岗位基本管理知识培训课程内容包括行政日常管理知识、办公自动化知识、后勤服务管理知识及公共关系知识等，具体如图 7—11 所示。

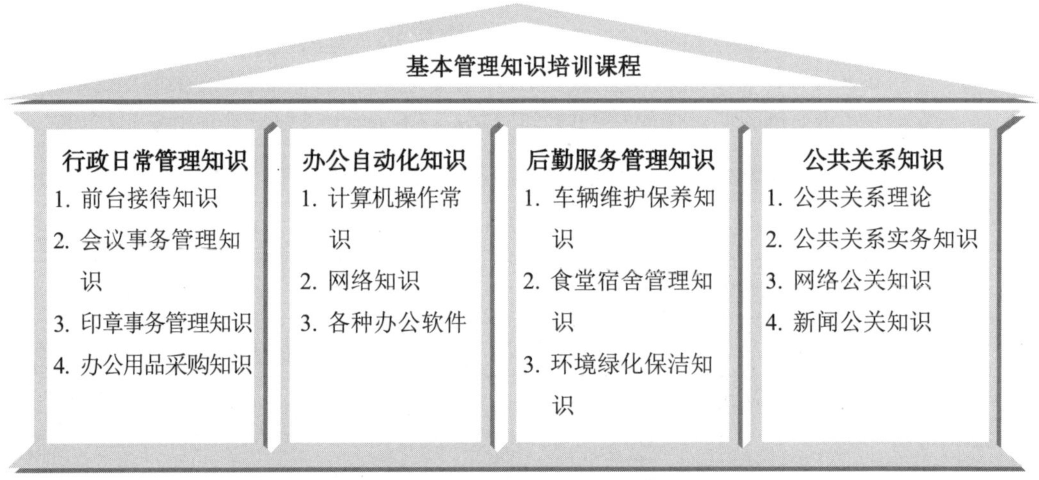

图 7—11　行政类岗位基本管理知识培训课程

7.2.3　现代管理技能培训项目

企业管理人员也应不断学习新技能，这样才能得心应手地应用新技术，高效地办公，并使企业的管理水平一直与时代同行。鉴于此，企业应加强管理人员现代管理技能的培训，帮助其提升综合管理能力。一般来说，适用于企业管理人员的现代管理技能培训项目有计算机网络管理技能、即时通信技能、计算机信息系统管理技能、电子商务应用技能及现代物流应用技能等，具体如图 7—12 所示。

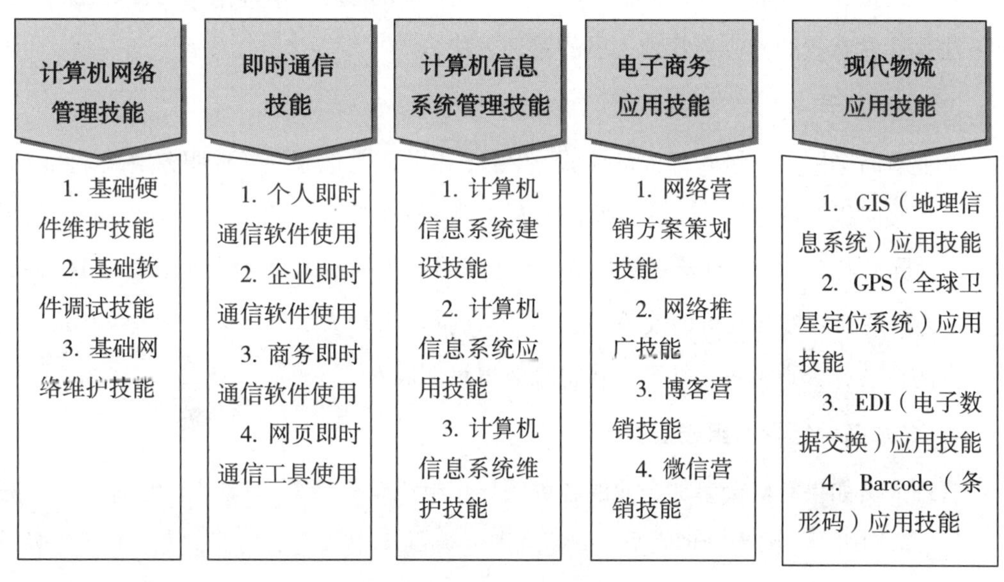

图 7—12　现代管理技能培训项目

7.3　管理技能培训方法选择

7.3.1　管理人员在岗培训主要方法

管理人员在岗培训即指对已在管理岗位从事有酬劳动的管理人员进行培训的活动。在岗培训的优势是既不耽误工作，又可以以较低的投入取得良好的培训效果。

管理人员在岗培训的主要方法有轮岗培训法、设立“副职”、临时提升、参加各种领导小组或委员会、授课、案例分析法、参加研讨会或报告会等。

1. 轮岗培训法

轮岗培训法是指管理人员在不同部门的不同管理岗位或非管理岗位轮流工作的培训方法。轮岗培训法可促使管理人员了解企业的各种职能部门、各个环节的管理知识、技能，开发其多种能力，培养多面手，从而为以后向较高层次管理岗位晋升打下基础。

2. 设立“副职”

设立“副职”，即在上一级岗位设立一个虚的“副职”，让受训管理人员在有经验的上级领导的指导下开展工作，从而拓宽受训管理人员的思维，增加他们的管理经验。这种方法是非常有效的提拔新管理人员的培训方法。

3. 临时提升

企业有时会因上一级管理人员休假、生病、出差或其他原因导致职务空缺，此时就可以采用临时提升的办法，让下一级管理人员担任这个职务。临时提升不仅是一种培训方法，对员工来说也是一种接受新挑战的机会，因此此种方法较易得到管理人员的积极响应。为提高临时提升的培训效果，企业应给予受训管理人员制定规则和决策、充分履行职责的机会；否则若只是挂名，将很难取得培训成效。

4. 参加各种领导小组或委员会

管理人员如果有机会参加企业的各种领导小组或委员会等，对其来说也是一个很好的锻炼、培训机会。因为管理人员一旦进入某一领导小组或委员会等，实际上就是取得了与资深管理人员、优秀员工、其他部门管理人员进行接触、交流、学习的机会，这对管理人员知识技能的提升及长远发展是极为有益的。

5. 授课

授课这种培训方法是由专家根据企业及管理人员的实际情况进行重点讲课，其主要目的是提高管理人员的基本素质及认知水平，开阔眼界，了解新知识和信息，增加他们对各种问题的认识及解决能力。

6. 案例分析法

案例分析法指组织内外部培训讲师对管理实际中真实的情景加以典型化处理，形成供受训管理人员思考分析和决断的案例，通过管理人员的独立研究分析和相互讨论，培养其分析能力、判断能力以及解决问题能力的培训方法。

7. 参加研讨会或报告会

研讨会或报告会一般是为了解决企业出现的某个问题，或者为了探讨向某一方向发展、如何发展等而进行的。参加研讨会或报告会也是管理人员进行在岗培训的方法，这种方法的优点是目的明确、层次高、时间短、能深入研究某个专题、掌握企业发展方向等，因此培训效果明显。尤其是研讨会，可以使受训管理人员有机会与其他人员交流经验和看法等。

7.3.2　管理技能培训开发的主要方法

除了在岗培训外，还有许多有效的管理技能培训开发方法，这些方法有的是在企业内部实施的，有的则是在企业委托的外部培训机构进行的。

1. 替补训练

替补训练指将一些较出色的管理人员指定为替补训练者，要求其在完成自己本职工作的基础上熟悉本部门直接上级的职责。一旦其上级离任，替补训练者即可按预先程序准备接替其工作；如果其他上级职位出现空缺，替补训练者也可填补这一空缺。

这种替补训练的优点是作为替补者的管理人员训练积极性高，训练周密且具有连续性，在替补情况发生后，替补训练者可以较快地适应新的工作。

但这种培训开发方法也有明显的缺点，主要缺点包括：

（1）指定替补训练不利于企业内部人才的公平竞争，易造成派别意识和特权思想。

（2）渴望晋升但又未被选为替补训练的员工可能感到自己晋升的机会渺茫，不愿积极工作，认为再努力工作也只是白费力气，从而在企业内部形成消极的工作氛围。

（3）替补训练者训练较长一段时间后，若迟迟不能晋升，则其训练积极性会下降，工作热情也会受到影响，特别是当他们看到空缺被其他部门的替补训练者填补时更是如此。

（4）某些上级看到自己的岗位有替代者，害怕被取而代之，因此对替补训练者的训练配合度低，不愿意向替补训练者传授关键经验和知识，导致替补训练效果差，甚至导致上级和替补训练者矛盾激化。

2. 敏感性训练

敏感性训练又称 T 小组，指受训学员组成小组，每个人就自己的个人情感、态度及行为进行自由的发言，坦诚地相互交流，并从培训师和小组其他成员那里获得对自己行为的真实反馈。通过这种训练，受训学员可以学会如何有效地与他人沟通和交流、了解别人如何看待自己、自己的行为如何影响别人、别人又如何影响自己，从而发现自己的真正不足，进而进行有针对性的改善。

敏感性训练如果操作不当，其产生的负面影响将大于训练带来的收益。因此在实施的过程中，企业要尽量采取一定的措施减少敏感性训练带来的负面风险。

（1）因学员心理承受能力差引起风险的规避

培训学员的心理承受能力因人而异，有些学员心理承受能力较弱，在别人对其评价和情感反应并不如其所愿，甚至提出批评时，他们有可能感觉受到伤害，这些学员受不了这种挫折。

因此，在进行敏感性训练前，企业应采用受训学员自愿参加的方式；筛选受训学员时应选择心理素质好、有一定心理承受能力和准备的员工，避免让那些受不了批评、敏感易怒的员工参加。在进行敏感性训练前，培训师应首先做好受训学员的心理沟通和辅导工作，讲清楚培训的目的，可能遇到哪些情况，以及如何运用健康的心理去面对。

（2）因个人隐私暴露引起风险的规避

在敏感性训练的过程中，由于学员处在集体压力下，面对群体压力和动力，有可能暴露自己的程度超过预期，学员会感到敏感性训练侵犯了个人隐私。

为规避个人隐私过度暴露的风险，在敏感性训练实施前，培训师应注意告知学员表达的程度和限度，在什么情况下可以因个人隐私原因拒绝表达，避免学员对敏感性训练产生负面情绪。

（3）因培训师对冲突处理不佳引起风险的规避

有些培训师并不适合指导容易引起感情冲突的课程，例如有些培训师在学员情绪激动时仍不注意避免引起激烈冲突的话题，或没有从本质上理解培训的目的并让学员表达合理的情感反应，或在学员有强烈的情感冲突下没有掌握合理的应对和疏导措施。

为避免因培训师对冲突处理不佳引起的风险，企业培训管理部门应做好两方面工作。一方面，在敏感性训练培训师的选用上，要注意培训师本身的心理素质和心理疏导能力；另一方面，加强对培训师的培训，如在进行敏感性训练前对培训师就其可能遇到的情况和解决措施，以及解决问题的原则和培训目的等进行培训。

3. 案例评点法

案例评点法是围绕一定的培训目的，培训师把实际中真实的情景加以典型化处理，形成供学员思考分析和决断的案例，而后学员独立研究、相互讨论，培训师进行现场控制、案例点评和升华，最终提高学员的分析问题和解决问题能力的一种培训方法。运用案例评点法，可有效提高管理人员的决策能力及分析问题和解决问题的能力。

为充分激发受训学员思考、探索、创新的积极性，确保培训的实效，培训师应注重案例的甄选。具体来说，培训师在甄选案例时，应把握三大要点，如图 7—13 所示。

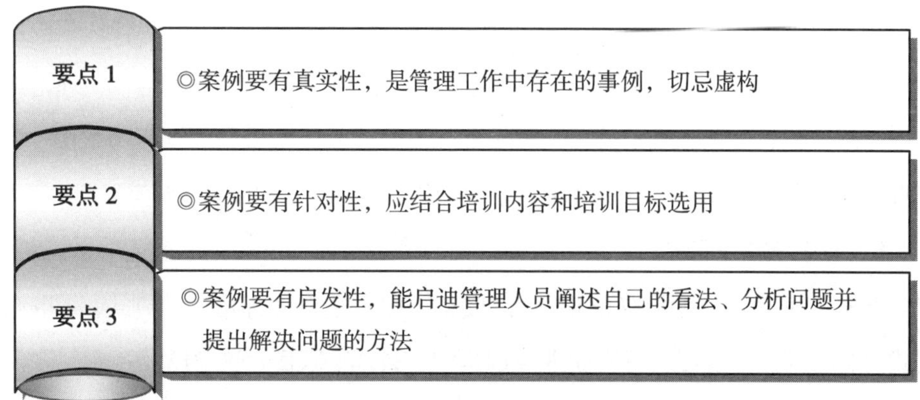

图 7—13　案例甄选要点

4. 事件过程法

事件过程法是有组织、带有戏剧性地处理案例的一种培训方法。运用事件过程法进行管理人员技能培训开发的步骤有五步，具体如图 7—14 所示。

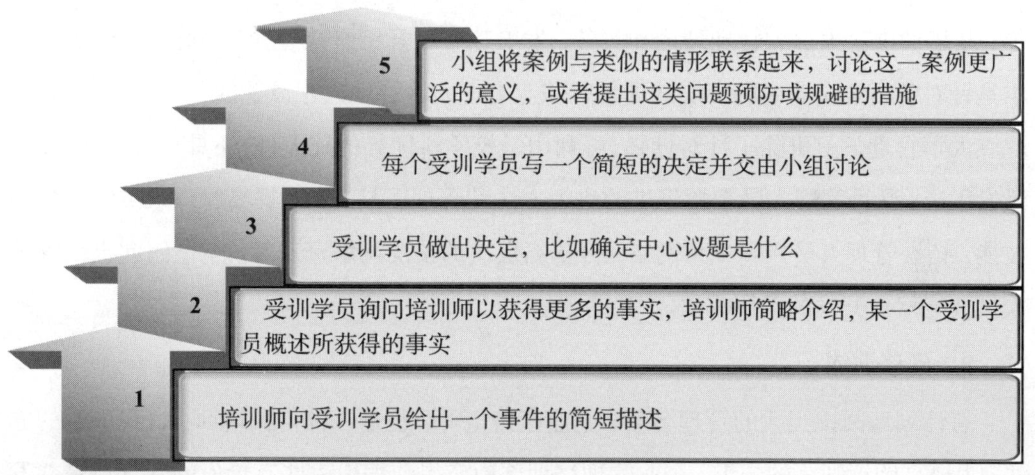

图 7—14　事件过程法实施步骤

5. 理论培训

理论培训是提高管理人员管理水平和理论水平的一种主要方法。这是因为理论培训是基础培训，而管理人员尽管已具备了一定的理论知识，在深度和广度上还需接受进一步的培训。

理论培训的具体形式大都采用短训班、专题讨论会等，时间一般都不是很长，主要是学习一些管理的基本原理，行业、技术等方面的新进展、新研究成果，或就一些问题在理论上进行探讨等。

理论培训有助于提高受训学员的理论水平，有助于他们了解某些管理理论的最新发展动态，有助于其在实践中及时、合理运用一些最新的管理理论和方法。理论培训的缺点是实践性不佳，影响难以持久，因此为巩固培训成果及提高培训应用程度，企业应采取理论培训与其他培训方法相结合的方式实施管理人员技能培训开发。

6. 专家演讲学习班

专家演讲学习班可采取企业内训的方式，也可采取外部培训的方式。采取企业内训方式时，专家演讲学习班可对企业发展历史、目标、宗旨、政策以及企业与客户之间的关系进行培训。而采取外部培训方式时，其培训的内容则更加丰富多样。在确定选择具体哪家培训机构的什么课程时，企业可根据培训时间、培训内容、培训机构知名度及特色、培训主题与企业的契合度等来进行认真甄选。

7. 大学管理学习班

现在许多大学都设置各种学习班、研修班，如 MBA 高级研修班、经营方略研修班等，其培训内容大都为管理理论和实务、发展趋势及案例研究经验，因此这些学习班基本是针对各行业企业中的高层管理者、职业经理人等管理人才设置的。

大学管理学习班除了针对性强，可利用学校学科优势的优点外，还具有可开阔思路，激发思维，帮助管理人员掌握先进的决策方法和管理工具，全面提高管理人员综合管理技能，拓展管理人员人际关系网络，分享高层次的校友网络资源等优势，因此也是管理人员技能培训开发的常用方法。

8. 阅读训练

有计划地阅读当代的管理名著、企业家传记等，也是一种自我培训、自我提升的方法。为提高阅读训练的效果，企业管理培训部门应提前编辑一些有价值的阅读目录并发放到管理人员手中，也可适时举办读书讨论活动等。

9. 文件事务处理训练法

文件事务处理训练法，也称一揽子事件法，即在受训中，各受训学员面前都有一大堆待处理的文件和事务，需要在限定的时间内完成这些文件的阅读、指示和事务的处理。该方法通常用于管理人员的培训，也可用于管理人员的测评、选拔、考核。

运用文件事务处理训练法培训管理人员，可有效锻炼管理人员掌握快速有效处理日常文件和事务的方法。在实际培训中，培训师提供的文件和事务一般是没有什么条理的，如有些需要紧急处理，而有些需要常规处理，这就可以锻炼管理人员分清轻重缓急、统筹规划、合理安排工作的能力。

10. 角色扮演法

角色扮演法也是一种管理人员技能培训开发的常用方法，即让一组管理人员集中在一起，设定某种带有普遍性或者比较棘手的情景，挑选几个人分别饰演其中的某一角色，将可能发生的事件的过程表演出来，其他受训学员则在一旁观摩。扮演结束后，全体受训学员进行思考和讨论，得出一些基本的结论；培训师也可请另外一些人模拟表演同一情节，最后组织全体讨论。同时企业培训管理部门可将表演、讨论过程进行录音、录像，以便后续供管理人员自查或进一步研讨。

角色扮演法是管理人员培训的常用方法之一，这种方法的优点是真实性强，可使受训学员直接获得某项工作的实际处理经验，掌握一些管理技巧和管理理论；同时还可以提高受训学员的演讲能力、语言表达能力和人际关系处理能力。扮演结束后，其他学员需对扮演者轮换表演，有助于受训学员能设身处地地体会上一次扮演者的感受，从而培养其多角度看待问题的思维能力和自我控制能力，强化培训效果。

11. 管理游戏法

管理游戏法又称管理竞赛法，指管理人员在一定的规则、程序、目标和输赢标准下竞争的一种管理技能培训开发方法。常见的管理游戏法包括故事接龙、寻宝游戏、搭建帐篷等。

该方法具有很大的趣味性，因此可最大限度地调动受训学员的参与热情，运用该方法可训练管理人员的合作意识及协作技能，并提高其思维能力和创造力。

12. 无领导小组讨论法

无领导小组讨论法指培训师将受训学员集中起来组成小组（一般每小组 6~9 人），对小组中谁来充当负责人或小组组长事前并不干涉，也不对小组成员进行分工，只向小组成员说明需要讨论的问题并发放题目材料以及得出讨论结论的时间限制。在小组成员讨论过程中，培训师对讨论不进行任何干涉，只从中观察每个人不同的沟通表达方式、逻辑思维方式、组织协调能力、组织领导能力、应变和环境适应能力、自信心等，从而针对各人的不同特点给予不同的指导。

7.4 管理人员培训方案设计

7.4.1 管理人员培训体系设计

管理人员培训体系指为实现一定的培训目标，将培训三要素（讲师、学员、教材）进行合理、有计划、有系统的安排而形成的一种指导性文件。通常一个完整的管理人员培训体系由培训课程体系、培训讲师管理制度、培训效果评估和培训管理体系四部分组成。具体在设计管理人员培训体系时，相关设计人员应掌握培训体系设计的原则，并严格遵照设计流程执行。

1. 管理人员培训体系设计原则

管理人员培训体系设计应遵守以下六大原则。

（1）战略性原则

企业管理人员培训必须与企业发展战略和人力资源发展战略相适应，以企业发展战略和人力资源发展战略为设计指导思想。

（2）有效性原则

企业管理人员培训必须注重实效，充分考虑培训需求，针对企业管理人员普遍存在的共性问题设计培训项目，注重培训效果评估，将培训与绩效考核、薪酬岗位调整等联系起来，从而保障培训的有效性。

（3）计划性原则

企业管理人员培训必须统一纳入企业培训计划管理范围。在实施过程中，企业培训管理部门应参照培训计划组织实施，确保各项工作有序开展，降低培训成本。

（4）规范性原则

企业管理人员培训必须遵照有关流程、规章制度等，确保培训质量。

（5）持续性原则

企业管理人员培训必须是一个长期、系统的工程，企业培训管理部门应有规划、有步骤、有重点地实施培训，确保培训的持续性，从而保障管理人员知识和技能不断提升。

（6）实用性原则

企业管理人员培训要符合企业实际，满足企业对管理人员能力素质的实际要求。

2. 管理人员培训体系设计流程

管理人员培训体系设计应遵循培训需求分析、培训课程建设、内部讲师养成、培训计划制订、培训计划实施五大流程。

（1）培训需求分析

管理人员培训需求分析可从企业战略分析、组织分析、任务分析、人员分析、职业生涯分析这五个层次开展，在需求分析的基础上再明确管理培训的重点，确定管理人员培训开发的目的和目标。

管理人员在企业中的分工不同，其培训重点也不同，具体如图 7—15 所示。

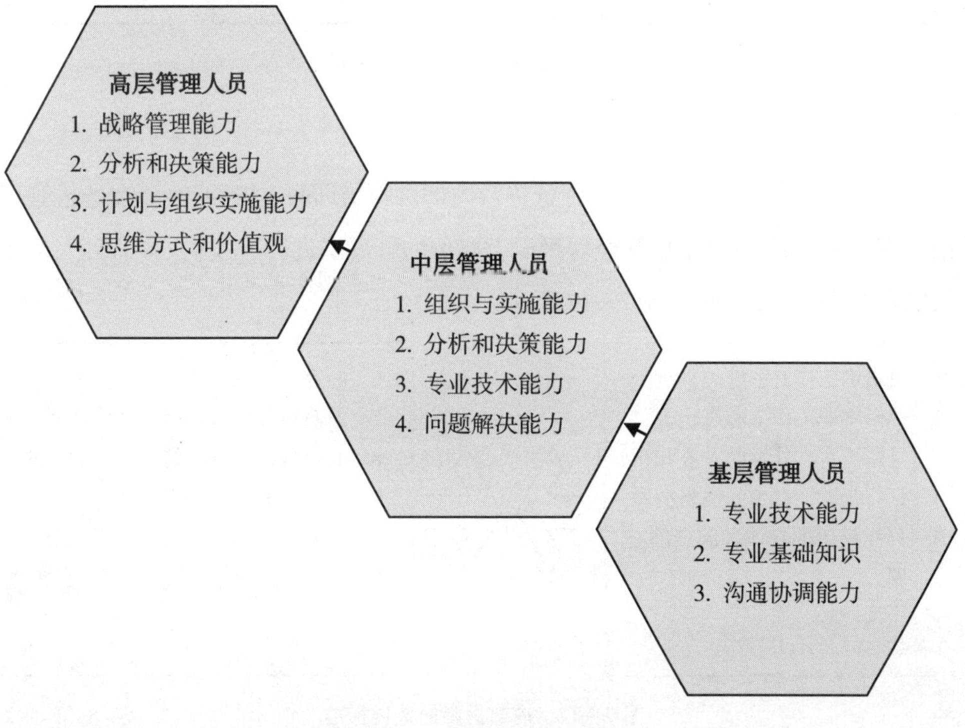

图 7—15　管理人员培训重点

（2）培训课程建设

管理人员培训课程要求内容精炼、层次分明、通俗易懂，且能充分利用语音、动画、FLASH 等工具，做到图文并茂、生动有趣，因此其建设过程必然是一个程序严明、全员参与、不断改进的过程。

管理人员培训课程的设计要素通常包含目标、内容、教材、模式、策略、评价、组织、时间、空间等。具体培训课程建设的流程如图 7—16 所示。

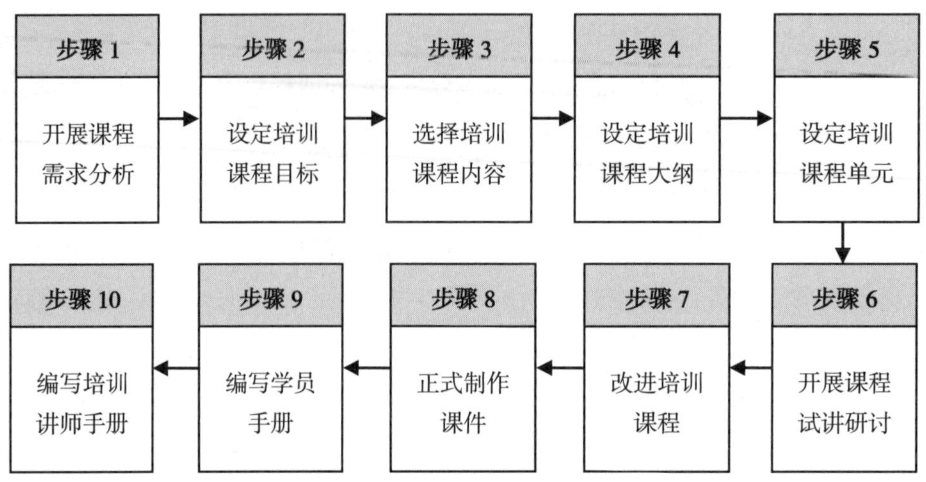

图 7—16　培训课程建设流程

（3）内部讲师养成

内部讲师养成主要包括内部讲师选拔及内部讲师培训两大方面。企业在选拔管理人员培训课程的内部讲师时，应从经理级以上职位的管理层进行选拔。具体管理人员培训课程内部讲师的选拔标准如图 7—17 所示。

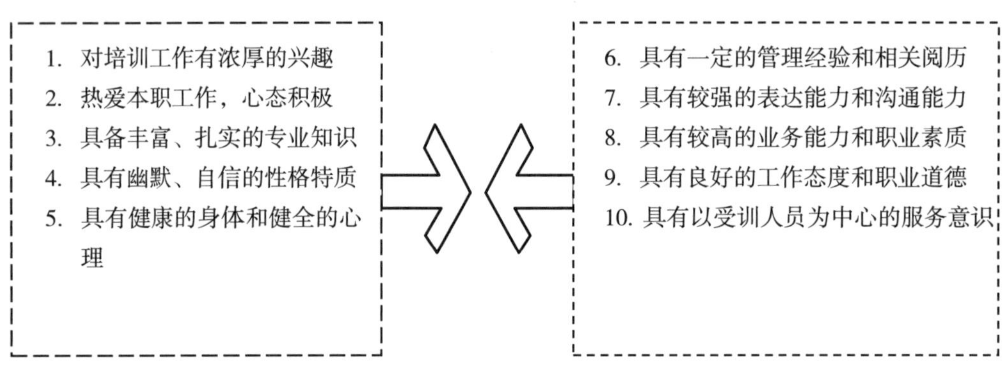

图 7—17　内部讲师的选拔标准

企业选拔出内部讲师后，应安排其进行课程开发、授课技巧、授课方法、突发情况应对等方面的培训，从而提高讲师素质，达到事半功倍的效果。

（4）培训计划制订

管理人员培训计划包括培训目标、培训负责部门、培训对象、培训讲师、培训课程等内容。具体在制订管理人员培训计划时，企业培训管理部门应按照如图 7—18 所示的四个基本出发点，确保培训计划的可行性、经济性及有效性。

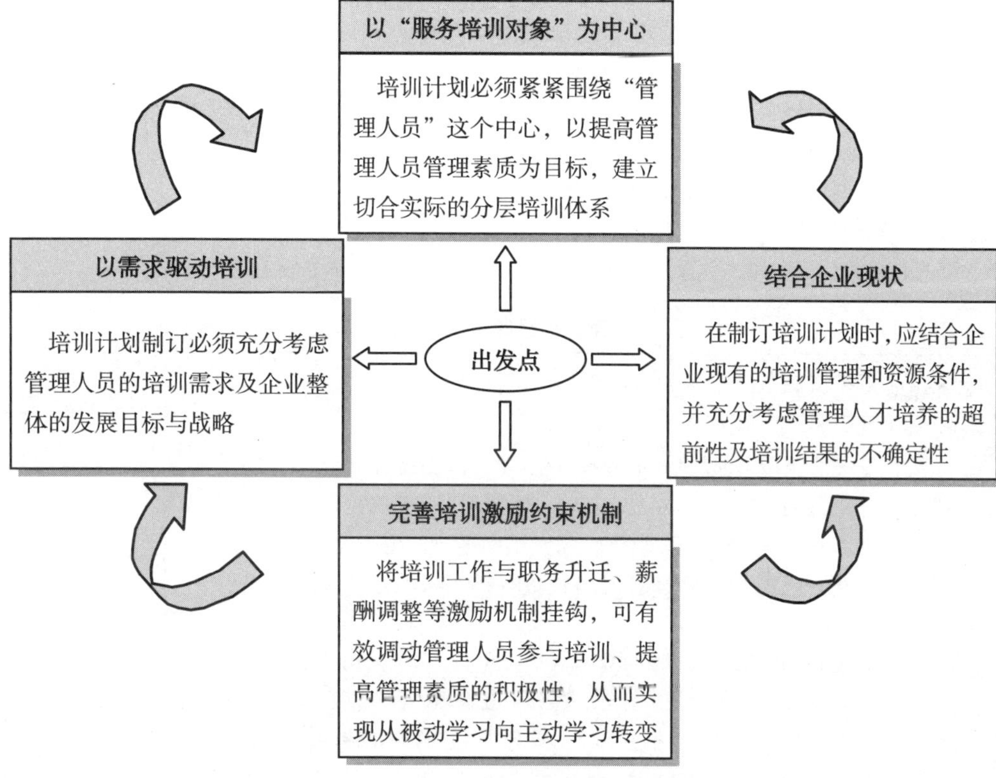

图 7—18　培训计划制订的四个基本出发点

（5）培训计划实施

管理人员培训计划的具体实施过程是一个教与学互动的过程，是讲师与学员相互沟通的过程。为了营造良好的互动气氛，保证讲师的授课效率，提高所有学员的学习效率，企业培训管理部门需要制定一些规章制度、培训纪律等，以约束学员的行为。

7.4.2　主管—经理晋级培训方案设计

方案名称	××公司主管—经理晋级培训方案	编号	
		执行部门	

一、培训目的

为加强对主管晋升为经理级人员的培训，提高新任经理的管理水平，提升其专业知识、管理知识、管理技巧与沟通协调能力等，特制订本方案。

二、适用范围

本方案适用于本公司主管—经理新晋级人员的培训。

三、开展培训需求分析

在制订培训计划前，培训部应在参考以往经理级人员的培训内容及培训效果的基础上，对主管—经理新晋级人员进行培训需求调查和访谈，以便为制订培训计划做好充分准备。

四、制订培训计划

1. 确定培训对象

根据主管—经理晋级名单，确定本次培训对象。

2. 明确培训课程内容

根据所在部门及职能，主管—经理新晋级人员的培训课程内容见表1。

表1　新晋级经理培训课程

<table>
<tr><th>各类经理</th><th colspan="2">培训课程内容</th></tr>
<tr><td>生产经理</td><td>上下级沟通技巧、有效授权生产主管、精益管理、全面质量管理、高效的5S管理、卓越的生产现场管理、生产安全管理、生产管理运作系统、车间环境管理、生产计划管理、生产流程优化与改进、生产模式优化与改进、生产设备的更新换代及生产效率的提高等</td><td rowspan="5">角色定位、主要工作职责、日常工作重点</td></tr>
<tr><td>销售经理</td><td>市场营销知识、本行业销售专业知识、市场调研实施、大客户分析与开发、客户关系管理、客户服务管理、客户信息管理、销售成本的控制、销售目标分解、卖点分析、广告与宣传活动策划、销售人员团队建设、销售主管的激励与培训、销售主管心态管理、销售主管自我解压等</td></tr>
<tr><td>技术经理</td><td>技术规范，行业先进技术，设备的更新换代，先进技术的引进与开发，技术创新，企业流程再造，技术人员团队建设，技术主管的管理，技术主管的培训与激励，上下级沟通技巧等</td></tr>
<tr><td>财务经理</td><td>风险管理、纳税筹划、如何进行预算控制、如何控制企业成本、如何分析财务报表等</td></tr>
<tr><td>人力资源经理</td><td>企业组织结构设计、流程分析与流程再造、招聘与面试的技巧、绩效管理与绩效目标分解、如何设计具有竞争力的薪酬体系等</td></tr>
</table>

3. 确定培训讲师来源

为保证经理级人员的培训质量，公司新晋级经理的培训讲师包括内部讲师与外部讲师。本公司指派两名资深讲师作为新任经理培训的内部讲师，并从××大学聘请3名讲师担任不同培训内容的培训讲师。

4. 做好培训费用预算

为确保培训效果，培训部对新晋级经理培训进行详细预算，并编制了培训费用预算表（具体见表2）。

表2 新晋级经理培训费用预算表

培训费用项目	费用预算明细
教材资料费	____元
讲师课时费	____元
讲师交通费	____元
培训场地租金	____元
培训设备租金	____元
培训食宿费	____元
费用总计	____元

五、晋级培训实施管理

1. 培训资料准备

培训部应提前一天做好各项事宜的准备工作，如安排培训场地、准备培训教材及辅助资料、租借或购买培训设备及工具、通知培训讲师以及参训的新晋级经理等。

2. 维护课堂纪律

新晋级经理参加培训时，培训部应向其公布课堂纪律，以做好纪律的维护工作。本次培训，受训人员应严格遵守以下三条纪律。

（1）培训课堂上，需要将通信工具调整为振动状态，以避免影响其他学员的学习。

（2）不在上课期间抽烟、随意喧哗，不在教室内随意走动。

（3）若无特殊情况，新晋级经理不得缺席培训，如有其他工作安排确实无法参加培训，需提前两小时与培训部确认，电话为________________。

六、做好培训评估与反馈

1. 培训课程评估

培训结束后，培训部根据实际需要调查新晋级经理对培训课程各个方面的看法和建议，要求参训新晋级经理填写“主管—经理新晋级人员培训课程调查表”，并作为培训课程评估的参考依据。

2. 培训效果评估

对于新晋级经理的培训效果评估可采用调查问卷、测试、提交培训心得体会等方式进行。培训讲师应在培训结束后一周内评定出新晋级经理的培训考核成绩。该成绩作为新晋级经理年度考核和晋升高层管理人员的参考依据。

3. 培训讲师评估

培训结束后，培训部通过开展问卷调查或者访谈等方式，向参训经理了解其对培训讲师的责任心、授课方式、授课质量等方面的评估，为下一阶段培训讲师的选择与培养提供参考依据。

编制人员		审核人员		批准人员	
编制日期		审核日期		批准日期	

7.4.3 经理—总监晋级培训方案设计

方案名称	××公司经理—总监晋级培训方案	编号	
		执行部门	

一、培训目的

为了加强公司从经理级新晋升到总监级人员的培训，引导新任总监认清自己的责任与使命，提升新任总监的经营理念，开阔思路，增强其决策能力、战略开拓能力和现代经营管理能力，确保培训的计划性、针对性、有效性，根据全年培训计划，特制订本方案。

二、培训对象

培训对象为本公司经理—总监新晋级人员。

三、经理—总监晋级培训内容

经理—总监晋级培训的内容应侧重于宏观的角度或整体的战略方面，具体见表1。

表1　经理—总监晋级培训内容

培训项目	培训内容
角色认知	工作内容、工作责任和义务、日常工作的重点、日常工作的难点及注意事项
经营理念	企业宗旨、经营哲学、管理理念、企业文化
企业环境	全球经济和政治情况、国内经济和政治情况、企业所属行业发展概况、市场发展情况、新兴科技和产业、相关法律法规及各项政策
企业战略	内部资源分析、企业发展战略制定、企业核心竞争力研究
财务管理能力	财务报表分析、预算管理、成本控制、筹资管理
领导艺术	团队管理、员工激励、目标管理、高效沟通、冲突管理、员工潜力开发、执行力提升
创新意识	创新思维训练、创新思维技巧、如何做一名成功的管理者
个人修养与魅力提升	领导魅力、自信心、企业家精神、商务礼仪
专业技能	人力资源管理、生产管理、财务管理、质量管理、信息管理、新媒体营销管理

四、各新晋级总监培训课程

总监级管理人员包括营销总监、生产总监、技术总监、财务总监、人力资源总监等。各总监因所负责事项不同，需具备的专业技能也不同，因此安排的专业技能培训课程也不同，具体见表2。

表2　总监晋级专业技能培训课程

各总监级别人员	晋级培训课程
营销总监	建立和规范营销管理体系、移动互联网时代营销战略创新、营销策划、新产品上市运作与推广、打造巅峰团队、大数据时代客户关系管理、新媒体时代整合营销传播、微信营销与运营、娱乐营销、饥饿营销、营销预算管理、品牌管理、广告公关策划
生产总监	现代生产管理理论、精益生产、准时生产、敏捷制造、现场问题的分析与解决、7S管理、生产成本管理与控制、设备管理、产品开发与工艺设计、生产计划管理、生产作业控制、全面质量管理、供应链管理
技术总监	产品设计规划、产品设计的技术实现、数据管理平台的构建、技术人员的配置与管理、技术开发项目的进度控制、新工艺研发、新技术研发、新设备研发、技术分析与创新
财务总监	企业内控管理、资金筹措能力、投资分析决策、税收筹划、财务预算、财务分析、成本费用控制、财务预警、企业内部审计、财务团队组建及管理
人力资源总监	人力资源规划、企业组织设计、企业人力资源战略、职位分析与评估、员工招聘、绩效管理、薪酬福利管理、员工职业生涯规划、职业通道设计、社会保险与公积金、劳动关系与劳动法规、人力资源制度设计

五、经理—总监晋级培训方式

经理—总监新晋级人员的培训方式应更灵活和多样化，如自学、实战演练、课程讲授、移动课堂、案例分析、公司间高层交流，参加高级研修班、研讨会、报告会，接受在职高等学历教育，学习MBA或EMBA课程，出国实习和考察等。

六、经理—总监晋级培训实施管理

1. 根据公司实际及新晋级总监的培训需求，开展内容丰富、形式灵活的培训，增强培训的针对性和实效性，确保培训质量。

2. 整合培训资源，采取自主培训与外委培训相结合的方式，建立健全以公司培训中心为主要培训基地、临近院校为外委培训基地的培训网络，立足自主培训，搞好基础培训和常规培训，通过外委基地搞好相关专业培训。

3. 培训过程要坚持平等、严格、长期的原则，经理—总监晋级培训累计时间不少于30天。

4. 做好培训效果的评估工作，总结经验教训，不断改进经理—总监晋级培训的内容、方式等，确保培训工作与时俱进，构建素质高、技术精、专业强的管理团队。

编制人员		审核人员		批准人员	
编制日期		审核日期		批准日期	

7.4.4 新任主管 *N* 大技能提升培训方案设计

方案名称	××公司新任主管七大技能提升培训方案	编号	
		执行部门	

一、培训目的

为提升新任主管的技术素养和管理技能，弥补其管理能力的不足，以便充分发挥其潜能，构建良好的上下级关系，实现员工与公司的双赢，特制订本方案。

二、培训对象

本培训适用于新上任的各级主管，包括生产主管、市场主管、销售主管、人力资源主管等。

三、培训责任分工

公司人力资源部负责组织实施本培训，财务部负责培训经费的计提及报销审核等工作。

四、培训内容

新任主管七大技能提升培训的内容有工作计划编制技能、工作任务分配技能、问题分析与解决技能、下属辅导技能、员工激励技能、时间管理技能、沟通协调技能。

五、培训计划

新任主管七大技能提升的培训计划见表1。

表1　新任主管七大技能提升培训计划

培训课程	培训时间	培训地点	培训讲师	培训方式
工作计划编制技能	____小时	公司会议室	×××	授课、网络教育
工作任务分配技能	____小时	公司会议室	×××	角色扮演
问题分析与解决技能	____小时	公司会议室	×××	户外拓展、案例分析
下属辅导技能	____小时	公司会议室	×××	授课、角色扮演
员工激励技能	____小时	公司会议室、户外	×××	户外拓展、管理游戏法
时间管理技能	____小时	公司会议室	×××	授课、案例分析
沟通协调技能	____小时	公司会议室	×××	授课、无领导小组讨论

六、培训费用管理

1. 在制订年度计划时，由人力资源部分别确定各项培训所需的具体费用，汇总为年度的培训预算，并对专项费用进行分配与监管，培训费用预算纳入人力资源部门年度费用预算中。新任主管七大技能提升培训的预算见表2。

表 2　　新任主管七大技能提升培训的预算

培训内容	培训次数	受训人数	费用支出明细					总费用	备注
			课程材料费用	人工费用	场地费用	食宿费用	其他费用		
工作计划编制技能									
工作任务分配技能									
问题分析与解决技能									
下属辅导技能									
员工激励技能									
时间管理技能									
沟通协调技能									

2. 培训产生的费用，如教材开发费用，讲师的授课费、食宿费、交通费，培训场地租金，培训设备租金，教学工具租金等从培训经费中列支，手续办理参考相关制度。培训产生的费用由人力资源部统一填写付款申请单，经批准后到财务部报销。

3. 培训预算内的费用支出，其审批权限为培训主管审核，人力资源部经理复核，分管副总经理批准。培训预算外的费用支出，其审批权限为人力资源部经理审核，分管副总经理复核，总经理批准。

七、培训实施管理

1. 参训人员应按时参加培训，不得无故缺席。不能参加者应提前持请假单（需总经理签字）至人力资源部，否则按有关规定处理。

2. 培训课堂上，参训人员应将相关通信工具调成静音状态。

3. 参训人员应遵守课堂纪律，认真做课堂笔记，不在上课期间抽烟、随意走动、大声喧哗。

4. 户外培训时，参训人员应严格遵守作息时间，户外课程训练时必须提前 10 分钟到达指定场所，并服从培训组织者的安排，不得擅自行动，严禁私自外出。

八、培训考核

1. 每个课程结束，请各位新任主管结合自身经历及本次培训内容，写一篇培训感悟，并记入培训考核成绩。

2. 具体考核办法如下所示：

（1）每次培训出勤占考核总成绩的 20%；

（2）每课时的课堂表现占考核总成绩的 20%；

（3）课程结束后所写的培训感悟占考核总成绩的 30%；

（4）课程结束后，新任主管上级领导对其技能提升的评估占考核总成绩的 30%。

3. 鉴于新任主管七大技能提升培训针对的是各新任主管需要掌握的知识及技能，是胜任该主管岗位的必备能力，因此本培训只有负激励，没有正激励。对于多次缺勤、考核成绩不达标者，将对其胜任主管岗位进行重新评估。培训期间成绩优异的学员，将优先作为以后职位升迁的候选人。

编制人员		审核人员		批准人员	
编制日期		审核日期		批准日期	

第 8 章

脱岗与外派培训管理

脱岗培训和外派培训是企业为了更好地发展和满足个人发展需求，允许在职人员暂时离开工作岗位去接受培训，它们是企业培训中常见的两种形式。其二者之间的区别和联系见表8—1。

表8—1　　脱岗培训与外派培训的比较

比较项目	脱岗培训	外派培训
培训产生方式	根据培训需求调查，由企业或部门决策	个人申请或公司、部门推荐
培训内容	培训范围较为广泛，包括对知识、技能以及业务拓展等方面的培训	
培训地点	不在工作现场	
培训费用	培训经费及资源耗费比较高	
培训效果应用	并不即刻运用或发挥培训效果	

8.1　培训前期准备

8.1.1　脱岗培训前期准备

在实行脱岗培训前企业应做好准备工作，包括培训需求分析、确定培训目标、制订培训计划、确定培训内容和方法、联系培训机构等事项。

1. 培训需求分析

脱岗培训的培训需求分析与在职人员培训需求分析的过程相近，不同之处在于脱岗培训耗费时间相对较长，对培训经费和培训资源的消耗较多，企业应予以更加慎重的考虑。

2. 确定培训目标

通过脱岗培训应使参训人员迅速掌握知识和技能，并在最短的时间内将其应用于工作实际，以改善工作质量和提高工作效率。

3. 制订培训计划

相对于在职培训而言，脱岗培训是花费较大的培训项目，培训时间长，且会占用工作时间，因此在培训开展前，应制订好详细的培训计划，见表8—2。

表 8—2　　　　　　　　　　脱岗培训实施计划表

<table>
<tr><td>培训项目</td><td colspan="3"></td><td colspan="2">培训时间</td><td></td></tr>
<tr><td rowspan="3">培训对象</td><td>姓名</td><td>部门</td><td>职务</td><td>姓名</td><td>部门</td><td>职务</td></tr>
<tr><td></td><td></td><td></td><td></td><td></td><td></td></tr>
<tr><td></td><td></td><td></td><td></td><td></td><td></td></tr>
<tr><td>培训目的</td><td colspan="6"></td></tr>
<tr><td>培训内容</td><td colspan="6"></td></tr>
<tr><td>预期培训效果</td><td colspan="6"></td></tr>
<tr><td>培训实施机构</td><td colspan="6"></td></tr>
<tr><td>培训讲师</td><td colspan="6"></td></tr>
<tr><td>参训人员要求</td><td colspan="6"></td></tr>
<tr><td>受训期间工作安排</td><td colspan="6"></td></tr>
<tr><td>培训经费计划</td><td colspan="6"></td></tr>
<tr><td>培训申报部门</td><td colspan="2"></td><td colspan="2">人力资源部意见</td><td colspan="2"></td></tr>
<tr><td>财务部意见</td><td colspan="2"></td><td colspan="2">总经理意见</td><td colspan="2"></td></tr>
</table>

4. 确定脱岗培训的内容

脱岗培训的内容需要由专业人士根据培训需求与受训学员一同来确定，企业内部培训组织者对他们的工作应给予配合。

总的来说，脱岗培训的内容可包括以下三个方面：

第一，现任工作岗位所需要的技术、知识提升培训。

第二，现任工作岗位所需要的技能技巧培训，如沟通技巧、人际关系技巧等。

第三，工作态度培训，如工作积极性、职业素养等。

5. 选择脱岗培训的方法

对于不同的培训内容，脱岗培训采用的方法有所不同。具体有以下三种情形：

（1）知识性培训

对于知识性培训，可采用普通授课、多媒体教学、电脑 PPT、游戏训练等传统方法。

（2）技术技能性培训

对于技术技能性培训，可采用普通授课、情景模拟、角色扮演、实地考察参观等多种方法相结合。

（3）态度培训

对于态度培训，可采用普通授课、角色扮演、游戏训练等方法。

6. 联系培训机构，筛选培训讲师

脱岗培训的培训机构主要有高等学校、科研单位、培训机构、顾问公司、优秀企业高级管理人才和技术人才。通过询价和比较培训方案的优越性，最终确定合适的培训机构和培训讲师。

一般来说，技术或业务类讲师由技术或业务部门和培训部门进行资格审查；管理类讲师由培训部门和人力资源部进行资格审查。审查的内容包括培训讲师的专业背景、从事职位、教学内容、教学水平等。

8.1.2 外派培训前期准备

1. 确定培训目的

通过外派培训，使员工能够直接观摩和学习其他优秀单位和企业的先进经验、技术和管理技能，并将其应用于本公司的工作实际。

2. 培训申请与推荐

（1）培训申请

有外派培训需求的员工，可根据个人培训需求或自身工作需要，填写个人外派培训申请表（见表 8—3），然后上报公司相关部门进行审批。

表 8—3　　个人外派培训申请表

<table>
<tr><td rowspan="2">个人情况</td><td>申请人</td><td></td><td>工作部门</td><td></td><td>职位</td><td></td></tr>
<tr><td>学历</td><td></td><td>专业</td><td></td><td>入职时间</td><td></td></tr>
<tr><td>申请理由</td><td colspan="6"></td></tr>
<tr><td rowspan="5">培训情况</td><td>培训名称</td><td colspan="5"></td></tr>
<tr><td>主办单位</td><td colspan="5"></td></tr>
<tr><td>培训课程</td><td colspan="5"></td></tr>
<tr><td>培训时间</td><td colspan="5">____年____月____日—____年____月____日，总计____课时</td></tr>
<tr><td>培训地点</td><td colspan="5"></td></tr>
<tr><td rowspan="5">经费预算</td><td>差旅费</td><td colspan="5">________元</td></tr>
<tr><td>餐费</td><td colspan="5">________元</td></tr>
<tr><td>住宿费</td><td colspan="5">________元</td></tr>
<tr><td>课程费用</td><td colspan="5">________元</td></tr>
<tr><td>合计</td><td colspan="5">________元</td></tr>
<tr><td>培训期工作安排</td><td colspan="6"></td></tr>
<tr><td>其他说明</td><td colspan="6"></td></tr>
<tr><td rowspan="4">会审意见</td><td>部门意见</td><td colspan="5">签字:　　　日期:</td></tr>
<tr><td>人事部意见</td><td colspan="5">签字:　　　日期:</td></tr>
<tr><td>财务部经理</td><td colspan="5">签字:　　　日期:</td></tr>
<tr><td>总经理审批</td><td colspan="5">签字:　　　日期:</td></tr>
</table>

（2）外派推荐

企业根据自身的发展需求，可推荐专业技能或其他方面表现出色的员工，进行适合的外派培训。外派培训推荐表见表 8—4。

表 8—4　　外派培训推荐表

推荐情况	推荐部门		推荐人选		职位	
	学历		专业		入职时间	
推荐理由						
培训情况	培训项目					
	培训机构					
	主要课程					
	培训时间	____年____月____日—____年____月____日，总计____课时				
	培训地点					
培训期工作安排						
培训经费说明						
其他说明						
审核	部门主管审核签字				签字:	日期:
	人事部主管审核签字				签字:	日期:
	财务部经理审核签字				签字:	日期:
	总经理审核签字				签字:	日期:

3. 培训申请的审批

公司有关部门根据外派培训的申请材料，开展对申请者个人资料、培训项目情况、培训经费等方面的调查，并确定培训申请的必要性和有效性。表 8—5 为某公司外派培训申请审核标准。

表 8—5　　××公司外派培训申请审核标准

审核项目	内容	标准	备注
个人资料	个人资历	相关资料是否真实、可靠	
		是否符合申报人的自身条件	
	工作表现	有无不良记录、重大过失等	
		对企业是否忠诚	
	适应能力	是否具备较强的人际交往能力	
		对新的生活、学习环境适应能力的强弱	
培训项目	项目名称	与培训申请人的培训需求是否贴切	
		与企业的培训原则是否相符	
	培训内容	是否符合候选人自身条件	
		与候选人现有水平差距是否很大	
培训经费	培训费用总和	培训总费用是否在企业培训预算范围内	
		培训费用审批是否在相关部门授权的范围内	

8.2　培训实施监控

8.2.1　签订培训协议

为防止培训的人才流失，最大限度地保护企业和员工双方的利益，在培训开展之前，人力资源部应安排脱岗或外派受训人员与企业签订培训协议，明确规定培训期间的费用负担和培训后的相关事宜。外派培训协议书样本如下。

外派培训协议书

甲方（企业）：

乙方（参训员工）：

为确保员工圆满完成培训学业，并按时返回公司工作，甲乙双方本着协商一致、平等自愿的原则订立本协议，具体内容如下。

一、经乙方申请，甲方审核同意，由甲方出资选派乙方赴________参加________培训，培训期自____年____月____日起至____年____月____日，共____天。

二、培训费用

培训费用包括乙方培训期间报名费、课程费用、签证费、食宿费用和交通费用等，均由甲方负责承担。培训费用由甲方统一支付，培训结束后，乙方应为甲方服务满规定期限。

三、乙方应在甲方指定或双方约定的培训地点参加培训学习，如需要变更应及时通知甲方，并得到甲方的批准，否则以旷工论处。

四、乙方的培训时间计入工作时间之内，按连续工龄累计；培训期间的工作安排、福利待遇按公司相关规定执行。

五、乙方在培训期间应严格保守公司秘密，遵纪守法，虚心学习先进经验和技术，圆满完成培训学习任务。

六、乙方培训学习结束后，返回工作岗位两周之内，需向甲方人力资源部提交一份培训报告，作为企业内部培训材料，乙方有义务对本部门相关岗位的其他员工进行培训。

七、培训成果

1. 乙方在培训结束时，要保证达到以下水平与要求：

（1）取得培训机构颁发的成绩单、相关证书、证明材料等；

（2）达到甲方提出的其他学习目标与要求。

2. 若乙方在培训结束后，未能达到上述培训要求，则甲方有权按一定比例从乙方工资中扣除所支付的培训费用。

八、服务期限及违约赔偿标准

1. 培训费用在××××元以上的，乙方应为甲方服务满×年。乙方未为甲方服务满×年的，乙方按服务期等分甲方出资金额，乙方按已履行的服务期限递减支付。

2. 培训费用在××××元以下的，乙方应为甲方服务满×年。乙方未为甲方服务满×年的，乙方按服务期等分甲方出资金额，乙方按已履行的服务期限递减支付。

九、违约责任

甲方为乙方支付报销费用后，无论出于何种原因乙方未能为甲方工作达到本协议约定期限，按以下标准执行。

1. 因乙方原因提出提前解除劳动合同的，从乙方离职之日起，计算未满服务期应支付的违约金。

2. 因违反甲方管理规章制度被辞退、开除的，或乙方在合同期内擅自离职的，除应支付未满服务期之违约金额作为补偿外，还应赔偿未满服务期给甲方造成的经济损失，每月×××元。

3. 培训过程中乙方自行提出中止培训、解除劳动用工合同或擅自更改培训方向与内容，乙方向甲方赔偿全部培训成本费用的××%。

十、本协议为劳动合同的附件。本协议未尽事宜，双方应友好协商解决，若不能达成共识，可报________市劳动争议仲裁委员会申请仲裁。

本协议自双方签字之日起生效，协议书一式两份，甲乙双方各持一份，具有同等法律效力。

甲方：　　　　　　　　　　乙方：

签章：　　　　　　　　　　签章：

日期：　年　月　日　　　　日期：　年　月　日

8.2.2 培训过程监督

在脱岗培训和外派培训期间，企业无法直接监督受训员工培训表现，但可以通过某些规定和方法来间接监控培训的过程，以确保培训质量。其常用监督工具主要有以下三种。

1. 培训课堂笔记

企业可要求员工在受训期间定期上交学习心得、笔记，人力资源部根据员工的学习心得、笔记来检查和监督员工的受训情况。

2. 培训签到表

企业可委托培训机构制作培训签到表，来对员工培训期间的出勤情况进行检查和监督。表 8—6 为某公司员工培训签到表。

表 8—6　　××公司员工培训签到表

培训课程			主办单位		
培训负责人			培训起止时间		
学员签到情况					
姓名	签到时间	所属部门	姓名	签到时间	所属部门

续表

姓名	签到时间	所属部门	姓名	签到时间	所属部门
备　注					
1. 2.					

3. 考评表

在培训期间，企业可委托培训讲师填写员工受训期间考评表，对员工培训期间的表现予以评价。表 8—7 为某公司员工受训期间考评表。

表 8—7　　××公司员工受训期间考评表

培训课程		培训时间	
受训员工		工作单位	
考评项目			
1. 受训学员是否迟到、早退或中途离场　□是　□否 2. 受训学员对于培训中所讲授内容是否进行预习和准备　□是　□否 3. 受训学员是否在认真听讲，并进行详细记录　□是　□否 4. 受训学员能否积极参与培训游戏和现场讨论　□是　□否 5. 受训学员能否认真遵守培训课堂纪律　□是　□否 6. 受训学员对培训内容的理解是否完整、充分　□是　□否 7. 受训学员能否与培训讲师进行顺畅的沟通和交流　□是　□否			
总体评价			
讲师签字： 年　月　日			

8.2.3 培训效果监督

在脱岗培训和外派培训实施过程中，培训组织者可以与培训机构、培训相关人员进行合作，对培训效果进行过程性的监督。

8.3　培训评估管理

8.3.1　脱岗培训评估

1. 培训心得报告

培训结束后，参训人员应认真总结参加脱岗培训后的收获、心得。表 8—8 是一份培训心得报告样本。

表 8—8　　　　培训心得报告

姓名		部门		职位	
培训项目		主办机构		培训地点	
培训日期	年　月　日至　年　月　日			填表日期	年　月　日
课程概况	课程名称	内容簡介		讲帅簡介	
培训感受					
自我改善计划					
培训建议					
领导评语					

2. 培训评估报告

培训结束后，培训组织者应对培训中出现的现象、问题、解决方案进行汇总、分析、备案，并上报相关机构。表 8—9 为某公司培训评估报告样本。

表 8—9　　××公司培训评估报告

项目名称				培训时间		
参训人员	姓名	部门	职位	姓名	部门	职位
培训机构简介						
脱岗培训目标						
培训过程回顾						
突发事件处理						
受训人员受训收益						
受训人员对培训的评估						
对受训人员的工作指导						
部门经理意见						
人力资源部经理意见						

8.3.2　外派培训评估

1. 学历或职业资格类培训评估

员工参加学历或职业资格类外派培训学习后，是否通过培训测试、是否拿到资格证书或学历证书是对外派培训效果进行评估的最直接依据。

2. 非学历或非职业资格类培训评估

员工参加的非学历或非职业资格类培训，不能以是否拿到各种相关证书为培训效果的衡量标准，公司可以通过以下方式进行衡量。

（1）由外派员工对培训组织机构成员的工作情况进行评估。表 8—10 为某公司对培训组织机构工作所做的评估报告。

表 8—10　　　　××公司培训组织机构工作评估报告

培训项目			组织机构	
培训时间			培训地点	
培训组织工作过程回顾				
存在问题	培训场地			
	培训设备			
	讲师选择			
	过程控制			
突发事件的处理办法				
针对此类培训的建议				
备注				

（2）由参训人员根据所学及工作实际撰写一篇研究论文，公司可根据研究论文的水平和质量衡量外派培训效果。

（3）对于那些培训效果无法立刻显现的外派培训项目，人力资源部可通过监督、考核受训员工的培训内化工作，从而对培训效果进行评估。表 8—11 为某公司培训内化跟踪表。

表 8—11　　　　××公司培训内化跟踪表

培训主题		培训机构	
参训人员		培训时间	
可转化的内容和方法应用记录	培训内容和方法		
	应用记录		
培训传播计划与实施记录	传播计划		
	实施记录		
培训学员应用过程与成果	工作习惯形成情况		
	工作能力提升情况		
	工作改善情况		
	个人业绩提升情况		

8.4 脱岗与外派培训管理制度

8.4.1 员工外派培训管理规定

<table>
<tr><td rowspan="2">制度名称</td><td rowspan="2">员工外派培训管理规定</td><td>编号</td><td></td></tr>
<tr><td>执行部门</td><td></td></tr>
</table>

第 1 章 总则

第 1 条 目的

为规范公司员工外派培训管理的程序，特制定本规定。

第 2 条 外派培训人员资格

外派培训指因员工工作需要且公司没有安排或不能提供内部培训的情况下，转而参加社会上专业培训机构或院校组织的培训的情形。本公司参加外派培训的人员必须满足以下资格。

1. 参加外派培训人员的劳动关系应在本公司。
2. 参加外派培训人员应有长期服务于本公司的意愿。
3. 根据外派培训项目的具体要求，外派人员的学历、能力等方面也应满足一定资格要求，必要时可进行考试选择。

第 2 章 外派培训计划与申请

第 3 条 外派培训计划

公司人力资源部及各部门应于新年度开始前提出外派培训计划并报批核准。临时外派项目，申请人需按正规的程序提出申请，经部门领导、人力资源部经理、总经理办公室审批后执行。

第 4 条 外派培训申请方式

根据工作的需要，公司一般会选择部分管理人员、技术骨干参加外派培训。外派培训的人选可以通过以下三种方式确定。

1. 指派：部门经理、公司领导或人力资源部视实际需要，可提议指派受训人员。
2. 部门推荐：结合部门发展的需要与员工的实际工作表现，推荐合适人员参加外部培训。
3. 个人申请：员工个人根据工作的需要，向公司提出参加外派培训的申请。

第 5 条 外派培训申请程序

1. 被指派、推荐或员工个人申请参加公司外派培训的，拟受训人员应事先填报“外派培训申请表”，并交至人力资源部。“外派培训申请表”应说明申请人情况、申请理由、培训时间、培训地点、培训费用等，具体见下表。

外派培训申请表

<table>
<tr><td>申请人</td><td></td><td>所在岗位</td><td></td><td>所属部门</td><td></td></tr>
<tr><td>申请理由</td><td colspan="5"></td></tr>
<tr><td>培训项目/
培训内容</td><td colspan="5"></td></tr>
</table>

续表

参加培训时间	
参加培训地点	
培训费用预估	
预期培训效果	
部门经理意见	
人力资源部意见	
总经理意见	

2. 人力资源部汇总外部培训需求，并报总经理批准实施。

第 3 章　外派培训管理

第 6 条　外派培训形式

本公司外派培训采取的形式主要有到其他公司参观访问与交流、参加专题讲座或交流会、到大专院校进修、派赴国外参观或访问考察四种形式。

第 7 条　外派培训费用管理

1. 参加外派培训费用在____元以下的，由公司统一支付相关的培训费用。

2. 参加外派培训占用工作时间在____天以上或公司统一支付培训费用在____元以上的，参训员工应与公司签订外派培训协议，双方签字后作为劳动合同的附件执行。外派培训协议一式两份，参训员工和公司各执一份。员工在外派培训协议规定的服务期内离职的，其培训费用按照双方签订的外派培训协议有关条款进行结算。

第 8 条　外派培训人员待遇规定

员工参加外派培训期间，视同正常上班，其工资和各项福利待遇正常计发。

第 9 条　外派培训人员的管理

1. 外派培训人员必须自觉遵守外部培训机构的各项规定与要求，凡因违规违纪受到培训机构处分的，公司根据情节严重程度给予相应的处分。

2. 培训期满，外派培训人员必须按时回公司报到，如逾期不归，则按旷工处理。

3. 外派培训结束后，外派培训人员应向本公司人力资源部报送培训成果证书及复印件，并提交培训成果小结。培训成果小结包括培训内容、培训收获（新思路、新方法）、改进和改善工作的打算及设想。

4. 参加外派培训的人员应将所学知识整理成册，作为培训教材，并担任相关课程的讲师，将培训所学的知识、技能传授给相关人员。

第 4 章　附则

第 10 条　本规定由公司人力资源部负责制定，其解释权亦归人力资源部所有。

第 11 条　本规定呈报总经理审批通过后颁布实施。

第 12 条　本规定中未尽事宜，可随时进行修改和增补，并呈报总经理审核批准后生效。

编制人员		审核人员		批准人员	
编制日期		审核日期		批准日期	

8.4.2 脱岗与外派培训管理制度

<table>
<tr><td rowspan="2">制度名称</td><td rowspan="2">脱岗与外派培训管理制度</td><td>编号</td><td></td></tr>
<tr><td>执行部门</td><td></td></tr>
<tr><td colspan="4">

第1章 总则

第1条 目的

为规范公司脱岗与外派培训工作，加强脱岗培训人员和外派培训人员管理，维护公司的形象和利益，特制定本制度。

第2条 适用范围

公司内部所有参加脱岗培训或外派培训人员均适用本制度。

第2章 脱岗培训管理

第3条 参训申请

1. 参训人员须事先填写员工培训个人申请表，经人力资源部、财务部、公司副总经理审批通过后方允许参加脱岗培训。

2. 占用工作时间××天以上，或由公司统一支付培训费用在××××元以上的脱岗培训，参训人员须在培训前与公司签订培训协议。双方签字后作为劳动合同的附件执行。

第4条 服务期限

1. 服务期限从培训结束第二日起计算，培训费用为××××~××××元的服务期限为半年，培训费用为××××~××××元的服务期限为一年，培训费用为××××~××××元的服务期限为两年，其他情况双方可另行约定。

2. 培训费用按服务期限等分分摊，未满服务期限的，参训人员须支付违约金，按已履行的服务期限递减支付。

第5条 培训期间工资和福利待遇

1. 每周占用工作时间不超过×天，累计占用工作时间××天以上的培训，参训人员享受基本工资、福利工资、年终工资三项之和的××%，享有社会保险福利待遇。

2. 占用全部工作时间，且累计时间超过××天的培训，参训人员当月享受基本工资、福利工资、年终工资三项之和的××%，享有社会保险福利待遇。

第6条 学历培训要求

1. 员工参加取得学历的培训应于业余时间去学习，培训费用由员工先行支付，待取得学位后，凭学位证书、毕业论文、学费发票获得相应比例的报销，并为公司服务满约定年限。

2. 学历培训服务期限及报销具体规定如下：

（1）取得学士学位后，凭学位证书、毕业论文、学费发票可一次性报销学费的60%，服务期限为×年。

（2）取得硕士学位后，凭学位证书、毕业论文、学费发票可一次性报销学费的80%，服务期限为×年。

（3）取得博士学位后，凭学位证书、毕业论文、学费发票可一次性报销学费的100%，服务期限双方事先约定。

</td></tr>
</table>

（4）未满服务期限约定的，参训人员须支付违约金，培训费用按服务期限等分分摊，参训人员按已履行的服务期限递减支付。

第 3 章　外派培训管理

第 7 条　员工个人申请参加外派培训，需事先填写员工培训个人申请表；部门推荐员工参加外派培训，则需事先填写参加外派培训人员推荐表，经批准后，报人力资源部备案。

第 8 条　参加外派培训人员应与公司签订培训协议，双方签字后作为劳动合同的附件执行。培训协议一式两份，参训人员和公司各执一份。

第 9 条　参加外派培训人员应具备如下条件。

1. 技术人员：大专以上学历，且连续在公司工作两年以上，表现突出者可适当放宽。

2. 管理人员：本科以上学历，在部门连续工作三年以上，且本部门业绩突出。

第 10 条　参加外派培训人员返回公司后，应将培训教材、书籍及资格证书等有关资料递交培训部门归档保存，其培训期间受训成绩也应登记到员工培训记录表内。

第 11 条　参加外派培训人员返回后，应提交培训心得，以便于人力资源部对外派培训效果进行评估和分析。

第 12 条　参加外派培训人员应将所学知识进行归纳和整理，编制培训教材，对公司内部相关人员进行培训，将所学的知识和技能传授给相关人员。

第 13 条　参加外派培训员工报销差旅费时，应先向培训部门确认受训资料是否全部送回。培训部门检查后应在报销单据上注明。未经培训部门确认，财务部不予以办理报销。

第 4 章　附则

第 14 条　本制度呈报总经理审核批准后颁布实施。

第 15 条　本制度中未尽事宜，可随时进行修改和增补，并呈报总经理审核批准后生效。

第 16 条　本制度由公司人力资源部监督执行，最终解释权归人力资源部。

编制人员		审核人员		批准人员	
编制日期		审核日期		批准日期	

第 9 章

企业员工培训评估

9.1 员工培训评估内容设计

9.1.1 培训组织评估

培训组织和管理的有效性是培训得以实施的重要保证，对于培训组织的评估通常从两个方面开展，一方面是培训部门自我评估，另一方面是培训对象对培训组织情况进行评估。

1. 培训部门自我评估

表9—1是一份培训部门自我评估表样本。

表9—1　　培训部门自我评估表

<table>
<tr><th colspan="2">指标</th><th>期望值</th><th>实际值</th><th>得分</th><th>说明</th></tr>
<tr><td rowspan="3">培训课程</td><td>新开培训课程与上年相比增加</td><td></td><td></td><td></td><td></td></tr>
<tr><td>培训课时数与上年相比增加</td><td></td><td></td><td></td><td></td></tr>
<tr><td>课堂参与率与上年相比增加</td><td></td><td></td><td></td><td></td></tr>
<tr><td rowspan="3">教材与设施</td><td>自编教材比例与上年相比增加</td><td></td><td></td><td></td><td></td></tr>
<tr><td>添置培训教材与上年相比增加</td><td></td><td></td><td></td><td></td></tr>
<tr><td>添置培训设施与上年相比增加</td><td></td><td></td><td></td><td></td></tr>
<tr><td rowspan="3">人员</td><td>内部讲师数量与上年相比增加</td><td></td><td></td><td></td><td></td></tr>
<tr><td>外聘讲师数量与上年相比增加</td><td></td><td></td><td></td><td></td></tr>
<tr><td>培训对象数量与上年相比增加</td><td></td><td></td><td></td><td></td></tr>
<tr><td rowspan="2">培训费用</td><td>培训费用占营业额比例与上年相比增加</td><td></td><td></td><td></td><td></td></tr>
<tr><td>培训费用总额与上年相比增加</td><td></td><td></td><td></td><td></td></tr>
<tr><td>其他</td><td colspan="5"></td></tr>
<tr><td colspan="4">总分</td><td></td><td></td></tr>
</table>

2. 培训对象对培训组织情况的评估

表9—2是一份培训对象对培训组织情况进行评估的调查表。

表 9—2　　培训组织情况调查表

培训项目		评估时间	

说明：请在您认为相对应的内容前的方框中打钩。谢谢您的合作！

1. 您认为培训计划安排对您的意见的关注程度　□很高　□高　□一般　□差
2. 参加培训之前您得到通知的及时情况　□及时　□不及时
3. 您认为本次培训的后勤辅助工作做得如何　□很好　□好　□一般　□差
4. 您认为本次培训的教学设备、培训资料是否齐全　□齐全　□不齐全
5. 您认为本次培训的组织总体安排情况　□很好　□好　□一般　□差
6. 培训开始前，您对本次培训有怎样的预期　□很高　□高　□一般　□没什么预期
7. 培训结束后，您对本次培训整体工作有何评价　□很好　□好　□一般　□差
8. 若以后举办类似培训，您是否愿意参加　□愿意　□不愿意　□不确定
9. 您认为培训组织的安排在哪些方面还需要改进________________

9.1.2　培训课程评估

培训课程是培训管理的重要内容之一，对培训课程进行评估能够及时发现培训内容选择、逻辑编排是否合理，并进行及时的修改和完善，确保培训工作顺利实施。

培训课程评估表范例见表 9—3。

表 9—3　　培训课程评估表

说明：为了以后更好地举办培训，竭诚希望您对本培训课程提供评价和建议，以作为我们未来改进的参考。谢谢您的合作！

1. 您认为本次培训课程理论层次内容　□太多　□正好　□太少
2. 您认为本次培训课程实务层次内容　□太多　□正好　□太少
3. 您认为本次培训课程内容层次　□太深　□正好　□太浅
4. 您认为本次培训课程内容的安排和逻辑层次如何　□很好　□好　□一般　□差
5. 本次培训课程对您的工作是否有帮助　□很大　□较大　□一般　□几乎没有
6. 您认为本次培训课程在哪些方面需要改进
   □内容设计　□逻辑安排　□实用性　□新颖性　□趣味性　□其他_____
7. 本次培训课程中，您认为需要增删的内容有哪些

增加内容：______________________________　删除内容：____________________

8. 您认为是否应再次开设此类培训课程　□是　□否
9. 请写出本次培训课程的重点内容____
10. 对于您而言，最希望参加哪些培训课程____________________________________

其他有关培训课程的建议或意见____

9.1.3 培训讲师评估

对培训讲师的评估主要从个人形象、责任心、授课质量等方面开展。对培训讲师的评估有利于改进培训讲师的培训方式，并为下一次培训讲师的选择提供依据。

培训讲师评估表范例见表 9—4、表 9—5。

表 9—4　　培训讲师评估表

讲师姓名：__________　培训课程：__________　培训时间：__________

项目	指标	评估标准（5→1 代表优→差）
个人形象	仪容仪表	□5　□4　□3　□2　□1
	礼仪风貌	□5　□4　□3　□2　□1
	气质修养	□5　□4　□3　□2　□1
	个人亲和力	□5　□4　□3　□2　□1
责任心	课前教学材料准备充分	□5　□4　□3　□2　□1
	课前教学辅助设备使用熟练	□5　□4　□3　□2　□1
	对授课内容掌握清晰、熟练	□5　□4　□3　□2　□1
	授课逻辑安排准确、合理	□5　□4　□3　□2　□1
	对培训对象的困难能否给予积极回应	□5　□4　□3　□2　□1
授课质量	授课开场能够吸引培训对象的注意力	□5　□4　□3　□2　□1
	对培训内容能准确、清晰阐述	□5　□4　□3　□2　□1
	培训能够主次分明、重点突出	□5　□4　□3　□2　□1
	能够充分利用培训材料	□5　□4　□3　□2　□1
	能够合理使用肢体语言和技巧	□5　□4　□3　□2　□1
	能够运用多元化的培训方法	□5　□4　□3　□2　□1
	课程讲授中富于激情和自信	□5　□4　□3　□2　□1
	结尾阐述能为培训对象带来感染和鼓舞	□5　□4　□3　□2　□1
	具有处理现场质疑与异议的技巧	□5　□4　□3　□2　□1
	能够为培训对象带来启发	□5　□4　□3　□2　□1
总分：______分		
综合评价		

表 9—5　　内部讲师年终评价表

<table>
<tr><td>姓名</td><td></td><td>性别</td><td></td><td>公司名称</td><td></td></tr>
<tr><td>职务</td><td></td><td>学历</td><td></td><td>授课名称</td><td></td></tr>
<tr><td rowspan="3">授课时间（小时）</td><td>额定授课时间</td><td colspan="5"></td></tr>
<tr><td>实际授课时间</td><td colspan="5"></td></tr>
<tr><td>备注</td><td colspan="5"></td></tr>
<tr><td rowspan="3">课程改善</td><td>课程改善目的</td><td colspan="5"></td></tr>
<tr><td>课程改善情况</td><td colspan="5"></td></tr>
<tr><td>课程改善评价</td><td colspan="5"></td></tr>
<tr><td rowspan="2">学员满意度</td><td rowspan="2">参见学员满意度调查问卷</td><td>90 分及以上</td><td>80～89 分</td><td>70～79 分</td><td>60～69 分</td><td>60 分以下</td></tr>
<tr><td></td><td></td><td></td><td></td><td></td></tr>
<tr><td rowspan="4">培训部门评价</td><td rowspan="2">授课技巧</td><td>90 分及以上</td><td>80～89 分</td><td>70～79 分</td><td>60～69 分</td><td>60 分以下</td></tr>
<tr><td></td><td></td><td></td><td></td><td></td></tr>
<tr><td rowspan="2">授课态度</td><td>90 分及以上</td><td>80～89 分</td><td>70～79 分</td><td>60～69 分</td><td>60 分以下</td></tr>
<tr><td></td><td></td><td></td><td></td><td></td></tr>
<tr><td colspan="2">综合评价</td><td></td><td></td><td></td><td></td><td></td></tr>
</table>

9.1.4　学员受训效果评估

1. 学员受训效果四级评估

培训效果的评估，根据柯氏四级培训评估模式（Kirkpatrick Model），可以分为四个层面（具体内容见表 9—6）。

表 9—6　　培训评估比较表

评估层面	名称	评估内容	实施方法	优势	劣势	改进策略
第一层面	反应层评估（学员的反应）	主要是总体的印象，对培训内容、讲师、教学方法、材料、设施、场地、报名程序等的评价	问卷调查、小组讨论；常运用四分法（极好、好、一般、差）、五分法（极好、很好、好、一般、差）进行衡量	容易开展，是最基本、最普遍的评估方式	会出现以偏概全、主观性强、不够理智的现象	强调评价的目的，要求大家配合；将课程评价与讲师评价分开；结合使用问卷、面谈、座谈等方式
第二层面	学习层评估（学习的效果）	学员掌握了多少知识和技能，例如学员吸收或者记住了多少课程内容，这是最常见、最常用的一种评价方式	在反应层基础上，要求运用所学的知识解答试题；进行现场操作；对于专业性岗位课程，要求学员提出改善方案并执行	对学员有压力，使他们更认真地学习；对讲师有压力，使他们更负责、更精心地准备培训课程和培训内容	压力大，可能使报名不太踊跃；评估之前可能会让学员知晓一些事情	针对不同的培训课程采用不同的评估方法
第三层面	行为层评估（学员行为的改变）	培训后的跟进过程，学员培训后工作行为和在职表现方面的变化	观察，主管、同事、下属、客户的评价，学员自我评价。这些评价需要借助一些评估表	可以直接反映培训课程的效果；使高层领导看到培训的效果，并支持培训；讲师可以获得学员的支持	耗费时间和精力；问卷比较难设计；需要占用相关人员较多的时间，不易得到配合；员工行为易受其他因素的影响	选择适合进行行为层评估的课程，选择合适的评估时间，充分利用专业讲师和咨询公司的力量
第四层面	绩效层评估（培训产生的效果）	上述三层变化对组织发展带来的可见的、积极的作用；培训是否对企业的经营结果产生了直接的影响，如次品率下降在多大程度上归功于操作技能的培训	通过一些企业组织指标来衡量，如事故率、次品率、生产率、员工流动率以及客户投诉率	详细的、令人信服的调查数据，打消高层主管对培训的疑虑，把有限的培训费用投到最能为企业创造经济效益的培训项目上来	需要时间，在短期内很难得出结果；对这个层面的评估，缺乏必要的技术和经验；简单的对比数字意义不大	必须取得管理层的合作，拿到培训以前的相关数据；分辨哪些结果与要评估的课程有关系，并分析在多大程度上有关系

2. 培训成果评估五项指标

以下五大指标可有效评估培训成果，企业培训管理部门应有所掌握。

（1）认知成果

认知成果主要用来衡量受训者对培训项目中强调的原理、方法、技术、程序或流程的熟悉程度。它是四级评估中的第二层面——学习层评估的主要内容和对象，即衡量受训者从培训项目中学到了哪些基本概念、基本原理和基本方法。

认知成果通常通过笔试法进行测试，工作样本测试法来评估。

（2）技能成果

技能成果主要用于评价受训者对培训项目中强调的技术或技能以及行为方式所达到的水准，它包括技能学习和技能转换两个方面。对技能成果进行测量通常需要了解受训者的技能掌握情况、行为方式改变情况等。技能成果既可用来判断受训者掌握技能的真实水平，也可用来判断受训者所掌握的技能实际被运用的程度。技能成果与行为评估、学习评估密切相关。

技能成果常用的测量方法有观察法、工作样本测试法、等级评定法等。

（3）情感成果

情感成果用来测量受训者对培训项目的态度和动机以及行为方面的特征。反应成果是情感成果的一种具体类型，它是指受训者对培训项目的感性认知，包括对培训设施、讲师、课程内容的感觉。

对情感成果的测评是了解学员的动机、对培训项目的反应和态度的改变等，测量方法有访谈法、焦点小组、态度调查等。

（4）绩效成果

绩效成果是用来确定培训项目对员工个人或企业绩效所产生的影响程度，同时也可以为企业人力资源开发及培训费用计划等决策提供依据。绩效成果的评估因素包括成本降低、产量提高、设备停工时间减少、产品质量提升、顾客服务水平改善等数据。

绩效成果可用于测量企业的收益，常用方法有观察法、从信息系统或绩效记录中收集数据等。

（5）投资回报率

投资回报率是指培训的货币收益与培训成本的比较，其中培训的货币收益指企业从培训项目中获得的价值，而培训成本包括直接成本和间接成本。直接成本指参与培训的所有人员的工资和福利。间接成本是指与培训没有直接关系的费用，如办公费用和交通费用。

投资回报率代表培训带来的经济价值，其测量方法是确认并比较项目的成本和收益。具体计算公式如下：

投资回报率（ROI）=培训项目净收益/培训项目成本总额 × 100%

从上述公式可以看出，企业可以通过降低培训成本以及提高培训收益来提高培训投资回报率。

9.2 员工培训评估常用方法选择

9.2.1 培训效果定性评估方法

培训效果定性评估是指评估者在调查分析的基础上，根据自己的经验和相关标准，对培训效果做出价值评估的方法。这种方法适合于不能量化的因素的评估，如工作态度的变化，其评估结论一般是工作态度有所提高等。目前，国内大多数企业采用这种培训评估方法。常见的定性评估方法有目标评估法、关键人物评估法、访谈法、集体讨论法、观察评估法、模拟训练法、现场提问法、操作测试法、绩效评估法等。

1. 目标评估法

企业在制订培训计划时，将受训人员完成培训计划后应学到的技能、知识，应改进的工作态度和行为，应达到的工作绩效标准等列入培训目标中。培训结束后，企业培训管理部门将受训人员的培训效果与既定培训目标进行比较，得出培训结果。

作为评估培训效果的根本依据，企业制定的培训目标应具有确切性、可检验性和可衡量性等特点。为确保目标评估法的成功，企业可采取以下两种方法制定培训目标。

（1）任务分析法

这种方法需要设计任务分析表，详细列明有关工作任务和工作技能信息，包括主要子任务、各任务的频率和绩效标准、完成任务所必需的知识和技能等。

（2）绩效分析法

这种方法需与绩效考核相结合，从而确定标准绩效。

2. 关键人物评估法

关键人物评估法指由与受训人员工作相关度较高的上级、下级、同事、客户等进行培训效果评估的方法。运用关键人物评估法可比较直观、准确地得出培训对工作的影响效果。

3. 访谈法

访谈法是指培训效果评估人员通过与受训人员交谈，对培训效果进行评价。在谈话前，访谈者要准备好谈话提纲，清楚访谈重点；在谈话过程中，访谈者要注意交流的方式和方法，注意受训人员对访谈问题的理解和接受程度。

4. 集体讨论法

集体讨论法是将所有受训人员集中到一起开讨论会，在会议上，每位受训人员都要陈述通过培训学会了什么，以及如何把这些知识运用到工作中的一种评估方法。这种方法一般在培训结束后实施，有时候也以写培训总结或培训感想的形式来进行。

5. 观察评估法

观察评估法是培训效果评估者在培训实施过程中及结束后，观察受训人员在培训过程中的反应情况及其在培训结束后的工作表现。观察者利用观察记录或录像的方式，将观察到的信息记录到培训观察表中，通过对比培训前与培训后的工作业绩，评估培训所达到的效果。

观察评估法的优点在于直观，便于操作；缺点是只能提供表现，不能揭示深层次的原因，有一定的主观性。

运用观察评估法对培训进行评估时，关键在于将观察的现象、内容进行完整、准确的记录。一般来说，最好的记录方法是边观察边在培训观察记录表（见表 9—7）中记录，以便能够及时地把观察到的内容详尽地记录下来。

表 9—7　　培训观察记录表

培训课程		培训时间		培训地点	
观察对象		职务		记录员	
观察记录					
培训前： 1. 2. 3.			培训后： 1. 2. 3.		
观察结论					
特殊情况说明					

6. 模拟训练法

模拟训练法主要包括角色扮演、模拟练习等多种方法，可以检验员工在实际操作中对培训内容的熟练程度。

7. 现场提问法

现场提问法指培训讲师在培训现场对受训人员进行问答测评，问答内容可以是专业知识、培训要点，也可以是培训现场反馈等。这种评估方法的形式和内容较为灵活。

8. 操作测试法

操作测试法是对受训人员掌握技能、技术的熟练程度进行评估的一种方法，一般应用于整个培训过程，通过对受训人员实际操作过程的现场测验来评估培训效果，考察其是否已经掌握了实际工作中所需要的操作技能、技术。

此种评估方法的关键在于对受训人员在操作测试中要表现的动作进行事先规定，包括动作标准、时间间隔、生产定额等规定。

受训人员在接受培训前应进行一次操作性测试，并做好测试记录，同时设定学员在操作测试中应达到的标准。接受培训后，受训人员需再次进行操作性测试，如果达到预先设定的操作标准，即可视为该培训具有一定的有效性。

9. 绩效评估法

绩效评估法主要是对员工参加培训前后，工作绩效水平存在的差异进行评估，从而对培训效果进行评估的一种方法。这种方法有助于连续性的、在某段时期内全面评估员工的工作表现以及培训内容在工作中的应用情况。但是缺点是耗时较长，涉及部门较多，收集数据受多种因素的影响。

在具体应用绩效评估法来评估培训效果时，企业培训管理部门可参照以下格式的绩效评价表（见表 9—8）。

表 9—8　　　　绩效评价表

指标		培训前	培训后	总评价
工作素质（35%）	工作责任心	□优 □良 □一般 □差	□优 □良 □一般 □差	
	学习主动性和能力	□优 □良 □一般 □差	□优 □良 □一般 □差	
	工作创新能力	□优 □良 □一般 □差	□优 □良 □一般 □差	
	书面/语言/操作能力	□优 □良 □一般 □差	□优 □良 □一般 □差	
	专业知识掌握程度	□优 □良 □一般 □差	□优 □良 □一般 □差	

续表

指标		培训前	培训后	总评价
工作量（45%）	工作任务完成情况	□优 □良 □一般 □差	□优 □良 □一般 □差	
	完成工作质量情况	□优 □良 □一般 □差	□优 □良 □一般 □差	
	工作效率情况	□优 □良 □一般 □差	□优 □良 □一般 □差	
交往能力（20%）	人际交往能力	□优 □良 □一般 □差	□优 □良 □一般 □差	
	沟通能力	□优 □良 □一般 □差	□优 □良 □一般 □差	
	组织协调能力	□优 □良 □一般 □差	□优 □良 □一般 □差	
	应急处理能力	□优 □良 □一般 □差	□优 □良 □一般 □差	

9.2.2　培训效果定量评估方法

培训效果定量评估是以数学、统计学等为基础，用具体数字来反映评估效果的一种评估方法。目前常见的用于培训效果定量评估的方法有问卷调查法、加权分析法、成本—收益分析法等。

1. 问卷调查法

问卷调查法是比较常用的培训评估方法，一般指借助预先设计好的调查问卷，在培训项目结束时向培训讲师或受训人员了解培训效果相关信息的一种方法。

此种培训效果评估方法的关键在于针对培训目的和培训对象设计一份有效的调查问卷。一份完整的调查问卷应包含问卷名称、填写说明、致谢等内容。为便于调查对象回答问题和整理分析调查问卷资料，设计问卷问题时一般应遵循如图 9—1 所示的原则。

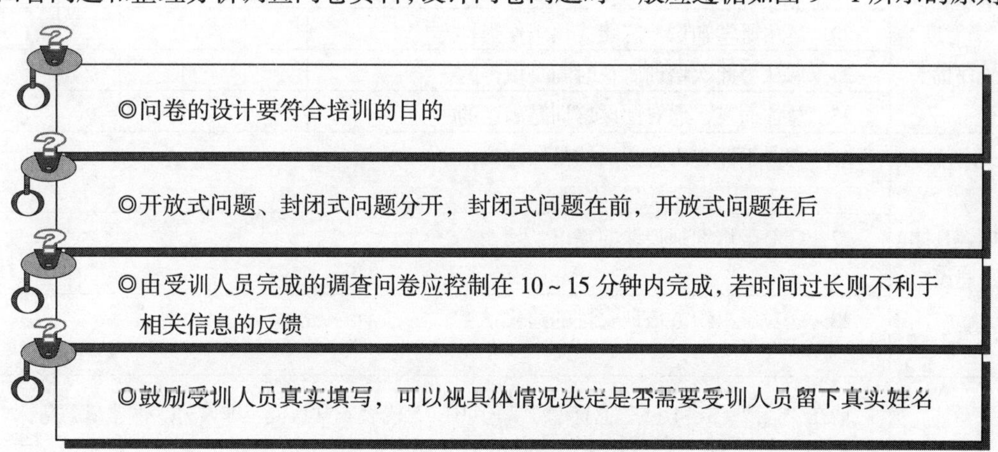

图 9—1　问卷问题设计原则

表 9—9 是某企业在进行培训效果评估时所使用的问卷调查表，供参考。

表 9—9　　　　　　　　　　　　　问卷调查表

课程名称		培训讲师		培训日期		
一、课程内容满意度测评	1. 您认为课程目标具有明确性	5	4	3	2	1
	2. 您认为课程内容具有实用性	5	4	3	2	1
	3. 您认为课程的难易程度正好	5	4	3	2	1
	4. 教材内容的编排方式使课程更容易理解	5	4	3	2	1
	5. 您认为授课内容超出了预期	5	4	3	2	1
	6. 本课程所用语言和范例适合本公司文化	5	4	3	2	1
	7. 课程内容紧跟时代变化	5	4	3	2	1
二、课堂讲授满意度测评	8. 您认为培训师具备足够的专业能力	5	4	3	2	1
	9. 您认为培训师讲授了教材要求的所有内容	5	4	3	2	1
	10. 您认为培训师有较高水平的讲课技巧	5	4	3	2	1
	11. 您认为培训师授课清晰明了、易于理解	5	4	3	2	1
	12. 您认为培训师的授课进度安排合理	5	4	3	2	1
	13. 您认为培训师能驾驭课堂，解决各种突发事件	5	4	3	2	1
	14. 您认为培训师能维持学员的学习兴趣	5	4	3	2	1
	15. 培训师一直鼓励所有学员参与课堂活动及讨论	5	4	3	2	1
	16. 您认为授课形式科学	5	4	3	2	1
	17. 您认为课程安排的活动形式多样	5	4	3	2	1
	18. 培训师能激励学员把所学技能运用到工作中	5	4	3	2	1
	19. 您认为组织方在时间安排上是科学的	5	4	3	2	1
	20. 组织方课程信息发布宣传和课后跟进很到位	5	4	3	2	1
三、总体满意度评价	21. 培训学习环境好，不会使人分心	5	4	3	2	1
	22. 您愿意向其他人推荐本课程	5	4	3	2	1
	23. 运用所学知识，您能优化工作安排	5	4	3	2	1
	24. 您认为此次培训所花时间是值得的	5	4	3	2	1
	25. 总体而言，您对此次培训是满意的	5	4	3	2	1
四、具体建议	26. 您对于课程内容方面的具体建议：					
	27. 您对于培训师授课的建议：					
	28. 您对于组织方培训安排的建议：					
备注	请在“1、2、3、4、5”上打“√”。其中，5 代表非常认同（非常好、非常满意等），4 代表比较认同（比较好、比较满意等），3 代表一般认同（还可以等），2 代表比较不认同（不太好、不太满意等），1 代表非常不认同（非常不好、非常不满意等）					

2. 加权分析法

加权分析法指培训效果评估人员将培训效果的行为或绩效表现设计成一个个指标，通过权重构成相互关联的指标体系，由此来计算受训人员的得分，从而通过得分来分析受训人员的培训效果。

运用加权分析法评估受训人员培训效果的步骤如下：

（1）根据培训评估的层级要素，建立一个完善的培训评估指标体系（可以参考柯氏四级培训评估模式）。

（2）确定各项培训评估指标的权重，即各项评估指标的重要程度系数（各项培训评估指标权重之和为1）。

（3）将每个培训评价指标分级，如“优”为5分、“良”为4分、“中”为3分、“差”为2分、“合格”为1分、“不合格”为0分。

（4）针对受训人员的某一方面进行评价和统计。

（5）根据统计得出的数据分析并记录培训效果。一般来说，可将受训人员培训前后的得分进行比较，也可以将该员工受训后的得分与其他受训人员的得分进行比较，以此来判断培训是否有效以及培训效果的高低。

以下是某位受训人员在接受职业素养培训后，企业培训管理部门运用加权分析法对其培训效果进行评估的示例，具体计算结果见表9—10。

表9—10　　运用加权分析法评估培训效果的示例

指标得分 / 得分比率（%） / 指标（权重）	5分	4分	3分	2分	1分	单项加权得分
工作能力（0.2）	40	25	20	10	5	0.77
专业知识（0.2）	30	20	25	15	10	0.69
职业道德水平（0.2）	55	20	10	8	7	0.816
敬业精神（0.4）	10	60	20	8	2	1.472
最终得分						3.748

说明：1. 评价结果用百分数表示，如“40%”表示40%的人认为该员工应得5分

2. 单项加权得分=权重×∑（指标得分×得分比率）

3. 最终得分=∑单项加权得分

3. 成本—收益分析法

成本—收益分析法是通过参加培训后企业日常经营中的各项硬性指标的变化（提高或下降），来计算此次培训投资回报率的一种方法。成本—收益分析法是目前比较常见的培训效果定量分析法，该方法实施的前提条件是受训人员培训后的效益是可以量化的。

成本—收益分析法的应用主要涉及两个公式，具体如图 9—2 所示。

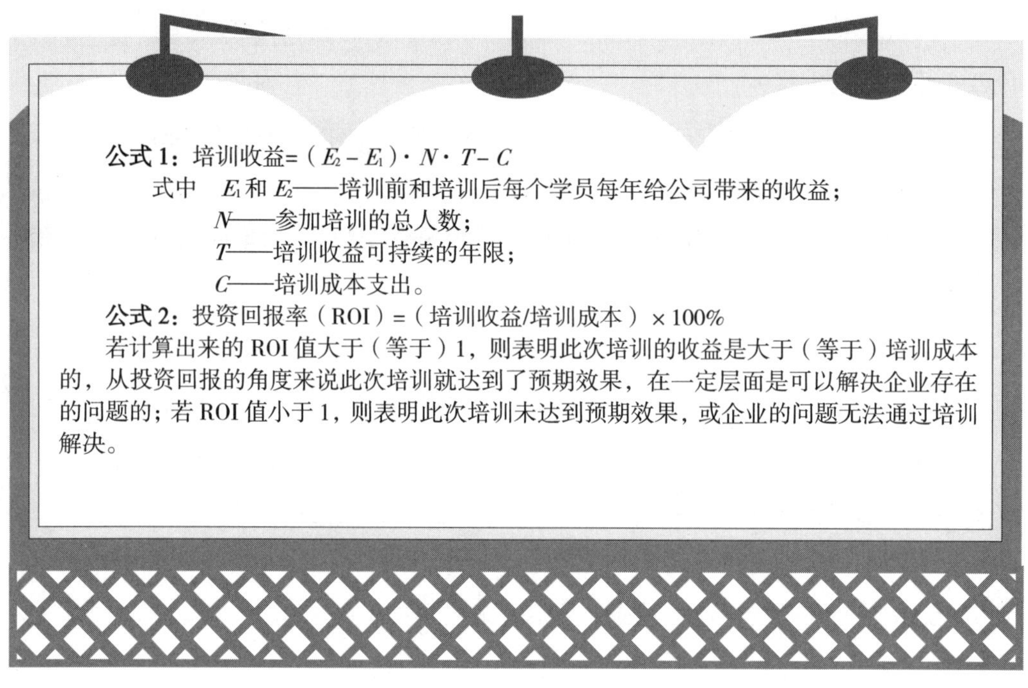

公式 1：培训收益=（E_2-E_1）· N · $T-C$

式中 E_1 和 E_2——培训前和培训后每个学员每年给公司带来的收益；

N——参加培训的总人数；

T——培训收益可持续的年限；

C——培训成本支出。

公式 2：投资回报率（ROI）=（培训收益/培训成本）× 100%

若计算出来的 ROI 值大于（等于）1，则表明此次培训的收益是大于（等于）培训成本的，从投资回报的角度来说此次培训就达到了预期效果，在一定层面是可以解决企业存在的问题的；若 ROI 值小于 1，则表明此次培训未达到预期效果，或企业的问题无法通过培训解决。

图 9—2 成本—收益分析法的两个公式

9.3 培训效果评估报告编写与使用

9.3.1 培训效果评估报告编写要求

培训效果评估工作结束后，企业培训效果评估人员应编制培训效果评估报告。在编写评估报告时，要求简明扼要、实事求是，尽量通过数字、图表说明培训的效果。具体培训效果评估报告的编写要求如下。

1. 注意调查样本代表性

培训效果评估人员在调查培训效果时必须注意抽样调查的样本，即接受调查的受训者的代表性，必须保证他们能代表整个受训者群体回答评估人员提出的问题，避免因调查样本缺少代表性而做出不充分的归纳总结。

在选择培训效果调查的样本时，应排除工作年限、文化程度等差异性因素的影响，使所选取的样本具有一般代表性，从而避免因抽取的样本具有特殊性而导致调查结果失去客观性和真实性，进而对培训效果的评估结果造成不良影响。

如果受训人员整体差异程度较小、人数较少时，可以采取简单随机抽样的方法。这种方法就是从受训人员总体中不加任何分组、划类、排队等，完全随机地抽取调查个体。这种方法的特点是每个样本单位被抽中的概率相等，样本的每个单位完全独立，彼此间无一定的关联性和排斥性。

如果受训人员整体差异较大，总体情况较为复杂，则可以采取分层抽样的方法。这种做法就是将受训人员总体单位按其属性特征分成若干类型或层，然后在各类型或层中随机抽取样本单位。这种方法的特点是通过划类分层，增大各类型中个体间的共同性，从而更容易抽出具有代表性的调查样本。

2. 整体效果忌以偏概全

培训效果评估报告中培训效果评估的结果可以为后续培训工作提供参考依据，具体来说企业可根据培训效果评估的结果调整或改变培训的内容、方法、时间及培训师等，从而不断提升培训的质量及效率。

由此可见，培训效果评估报告的结论非常重要，必须确保全面、客观，不得以偏概全。为防止对培训效果进行以偏概全的判断和评价，培训效果评估人员必须综观培训工作实施的各个层面，运用科学的分析方法，用辩证的眼光分析问题，排除个人偏见，根据资料和证据下结论，全面体现培训的整体效果。

3. 取得的成果和不足之处都应关注

一般来说，培训效果评估报告的编写人员很大一部分来源于人力资源部，鉴于企业对培训投入了大量的时间和精力，企业领导一定需要通过培训效果评估报告来证明培训的价值。但是，一份有价值的培训效果评估报告必须既包含培训取得的正面效果，也明确提出培训中存在的不足，否则培训将难以得到改善，问题将无法查知甚至更加突出。

因此培训效果评估报告的编写人员在编写报告时应实事求是，对于培训的成果和不足要全面地描述，在评估报告中既不夸大成绩，也不掩饰问题，不得对培训中的不足、失误之处避而不谈或避重就轻。

4. 注意消极方面的论述

对于培训工作中的不足，以及其他消极方面的论述，培训效果评估报告的编写人员必须以圆熟的方式进行论述，切忌语言尖锐或具有强烈的指责性，避免打击有关培训人员的积极性。

5. 注意报告的文字表达和体例结构

在编写培训效果评估报告时，相关人员要特别注意报告的文字表达与修饰方面的问题。具体来说，应注意以下问题：

（1）报告的语言不能过于口语化，可以采取叙议结合的写作方法。

（2）报告的文字应力求简明扼要，段落短小精悍，注意不得出现错别字、语法问题等错误。

（3）报告的结构应力求清晰，行文通顺，内容做到以事实说话，用数据证实。

（4）为增加报告内容的对比性、逻辑性、可读性、说服性等，可适当用清晰整洁的图表进行佐证。

（5）在注重文字表达和体例结构时，也无须对报告内容进行过分的修饰，要切忌美化和粉饰评价结果。

6. 合理划分评估报告周期

不同时间周期的培训项目，需要编写和提交的培训效果评估报告的周期和类型也有所不同，具体如下所示：

（1）对于短期培训项目或培训课程，一般实施评估周期较短的短期评估方案，在培训结束后进行短期的培训效果评估，培训效果评估人员在评估结束后需提交培训项目评估报告或培训课程评估报告。

（2）对于一些特殊的培训项目，如外包培训项目、外派培训项目等，需要实施中长期的培训评估方案，培训效果评估人员在评估过程中需要定期提交阶段性培训评估报告、培训项目评估报告等。

（3）当培训评估方案需要实施持续一年以上时间，培训效果评估人员需要在评估过程中提交阶段性培训评估报告、中期培训评估报告以及年终培训评估报告等。

9.3.2 培训效果评估报告分步编写

编写培训效果评估报告的目的在于向那些没有参与评估的人员提供评估结论并对

此做出解释。一般来说，培训管理部门领导及受训部门领导对培训效果评估报告的内容比较关注，因此编写培训效果评估报告即是向这些不同的需要者提供关于培训的有关情况、评估结论及其建议等。

具体来说，培训效果评估报告的编写人员可按照以下内容，有步骤、有计划地分步编写。

1. 设计导言

培训效果评估报告的导言一般包括介绍所评估培训项目的实施背景、性质、目的、培训机构、培训持续时间、参与人员的情况等内容。具体设计培训效果评估报告的导言时，可参照如图 9—3 所示的步骤进行。

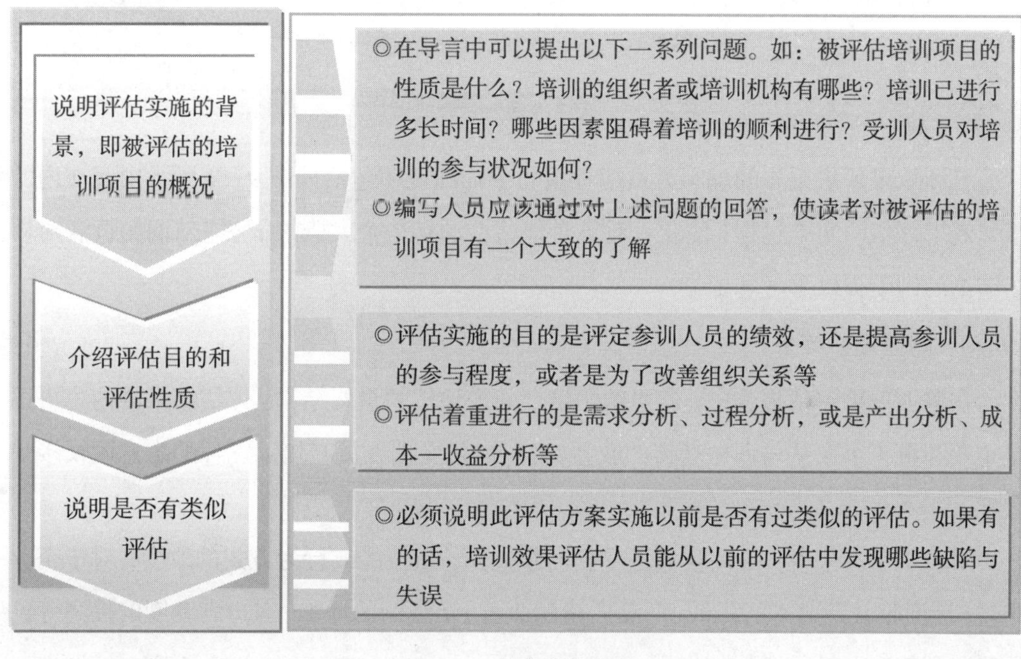

图 9—3　导言设计步骤

2. 概述评估实施过程

评估的实施过程是对培训效果评估过程的概述，是评估报告的方法论部分。在概述培训效果评估实施过程时，培训效果评估报告的编写人员应交代清楚以下五方面的内容，具体如图 9—4 所示。

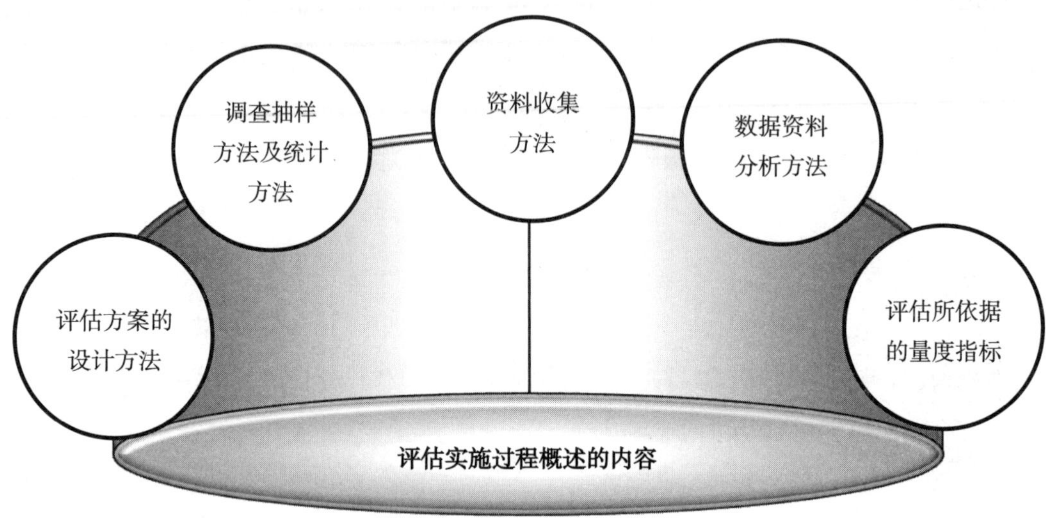

图 9—4 评估实施过程概述的内容

培训效果评估报告的编写人员应在报告中详细说明包括如图 9—4 所示内容在内的培训效果评估的实施过程，使读者对整个评估活动有一个大概的了解，从而为读者对评估结论的判断提供参考和依据。

3. 阐述评估结果

在培训效果评估报告中，需要阐明培训效果评估的最终结果。评估结果的内容可以是企业和员工个人从培训中获得的收益，也可以是受训人员对培训课程的满意度及接受程度。

对员工个人来说，培训收益是学到的新知识、新技能或行为方式的改变；对于企业来说，培训收益是成本的降低、产品质量的改善、销售额的增加、客户满意度的提高等，最终起到使企业效益增加的作用。

在培训效果评估报告中，结果部分与方法论部分是密切相关的，评估报告的编写人员必须保证两者之间的因果关系，根据培训效果评估的实施过程和情况分析得出培训效果评估的结论，不应出现牵强附会现象。

4. 解释评论评估结果

培训效果评估报告的最后阶段是解释评论评估结果并对培训工作提出参考意见，根据评估结果分析培训项目的重要性或培训工作的经验和不足。总体而言，培训效果评估报告的解释评论部分涉及的范围可以比较宽泛，内容可以包括以下六个方面：

（1）在需求评估中，进行培训的理由是否充足。

（2）在总结性评估中，赞成或反对继续培训的埋由是什么。

（3）在建设性评估中，应该采取哪些措施改善培训。

（4）在成本—效益评估中，应该指明能否用其他培训方案更经济地取得同样的效果。

（5）阐述培训的充分性，如培训是否充分满足了受训人员多方面的需求，具体满足到什么程度。

（6）在总结性评估中，阐述哪些培训项目已经不再使用，应该停止；哪些培训项目还值得继续进行，以及赞成或反对继续培训的理由是什么等。

5. 设计附录

附录主要包括收集和分析资料所用到的图表、调查问卷等原始资料。设计附录的目的是让读者可以鉴定培训效果评估人员收集和分析资料的方法是否科学、评估结论是否合理。

6. 设计报告提要

报告提要是对评估报告要点的概括，是为了帮助读者迅速掌握评估报告的要点而写的。报告提要要求简明扼要，内容要注意主次有别，详略得当，构成一个有机整体。

报告提要的内容可以是对培训效果评估的背景及实施概况、培训效果评估的时间及目的、培训效果评估工作的完成情况以及培训效果评估的责任部门或责任人的概述，也可以是对整个培训效果评估报告的概括和索引，可成为独立于培训效果评估报告的内容提要。有的报告提要根据实际需要，也可以置于评估报告的结尾处，作为报告全文概括性的总结。

9.3.3　其他培训评估结果反馈

培训效果评估结束后，培训管理部门人员还应从培训相关人员那里获取相关信息，以进一步改进培训工作。其需要了解的相关信息如图 9—5 所示。

培训讲师	培训对象	课程开发专家	培训对象上司	培训对象下属
培训讲师对培训课程有效性、可信性、培训对象的表现等信息的反馈	培训对象对培训课程内容、培训方法、培训教材质量等信息的反馈	课程开发专家对课程内容设计、教学方法选择、评价技巧使用等信息反馈	培训对象上司对培训对象行为变化、工作业绩表现等信息的反馈	培训对象下属对培训对象行为变化、工作业绩表现等信息的反馈

图 9—5　需要了解的培训反馈信息